KB193575

두 달란트의 행복

-신 천로여정天路旅程 -

그들이
나온 바 본향을 생각하였더라면
돌아갈 기회가 있었으려니와
그들이
이제는 더 나은 본향을 사모하니
곧 하늘에 있는 것이라.
(히11:15-16)

두 달란트의 행복

-신 천로여정天路旅程

신 영 철

이미지북

인생人生은 어디서 왔다가 어디로 가는가? 성경은 이 고전적 의문에 대해 해답을 제시하고 있다. 성경에 등장하는 인물 중 감동적 삶을 사신 분들의 믿음을 붙좇아 갈 수만 있다면 머지않아 그분들이 가신 곳에 우리가 안착해 있음을 확인할 날이 올 것이다.

역사상 지혜가 가장 출중했던 솔로몬 왕은 세상의 온갖 부귀영화와 성취를 경험한 후 우리에게 이런 교훈을 남기고 떠나셨으니, 인생을 설계하는 자는 반드시 참고하여야 한다.

"내가 다시 해 아래에서 보니 빠른 경주자들이라고 선착하는 것이 아니며 용사들이라고 전쟁에 승리하는 것이 아니며 지혜자들이라고 음식물을 얻는 것도 아니며 명철자들이라고 재물을 얻는 것도 아니며 지식인들이라고 은총을 입는 것이 아니니 이는 시기와 기회는 그들 모두에게 임함이니라." (전9:11)

이 조언을 다른 사람이 아닌 자신에게 적용하여, 나의 인생길에 더 이상 실수함이나 시행착오가 없도록 항상 몸에 지니고 다니며 읽고 생각하고 읊조리기에 적합한 '믿음생활 지침서'를 만들 욕망이 젊어서부터 있더니, 인생의 황혼기에 접어든 이제라도 실천할 틈이 났으니 무척 다행한 일이다.

우리네 인생은 바쁜 사람이든 한가한 사람이든 모두 맹목적으로 정처 없이 떠돌다 갈 것이 아니라, 모름지기 모태에서 발아되기 전 떠났던 본향을 찾아가는 길을 걸어야 한다. 감사하게도 이 천로여정天路旅程에 노자路資가 필요한 줄을 아시는 창조주創造主님은 우리 각자에게 5달란트, 2달란트 혹은 1달란트씩 달란트Talent 선물을 주셨다.

가장 못나고 어리석은 나에게는 마침 많지도 적지도 않게 2달란트를 맡겨주신 것이 너무 오묘하고 감사하다. 한때는 '노자를 3달란트는 주셔야지 이게 뭡니까' 투정을 부린 적도 있고, 어떤 때는 소중한 노자를 욕심에 끌려 엉뚱한 곳에 투자하였다가 큰 손실을 보아 살 소망마저 날아갈 뻔했지만, 간신히 본전을 회복하여 다시금 희망을 꿈꾸게 되었으니 너무 행복하다.

곧 이 땅에서의 여정이 끝나 천국문天國門 앞에 이를 때까지 길지 않은 여생을 정진精進하여 최소한 4달란트를 남겨서 주인님께 돌려드리려는 목표를 세웠다. 참 감사한 일이다. 이제는 이 지침서가 있어서 안심이다.

申若梅

차 례

8

9

1월

- 성경 읽기: 〈창세기 – 출애굽기〉

- 요절: 내가 너와 함께 있어 네가 어디로 가든지 너를 지키
  며 너를 이끌어 이 땅으로 돌아오게 할지라. 내가 네게
  허락한 것을 다 이루기까지 너를 떠나지 아니하리라 하
  신지라. (창28:15)

- 농사 절기: 소한小寒, 대한大寒

- 행사: 1월 1일-신정
          세심절洗心節…국민 회개일
                    마음을 씻어 성결聖潔하게
                    하고 새해 소원 결심하기

〈 명심보감 교훈 〉

나라가 바르게 되면 천심天心도 순해지고
관청이 깨끗하면 백성은 저절로 편안해지리라.
아내가 어질면 그 남편의 화가 적고
자식이 효성스러우면 그 아버지의 마음이 너그러워진다.

壯元詩에 云하되,
國正天心順이요 官淸民自安이라.
妻賢夫禍少요 子孝父心寬이니라.

* 명심보감明心寶鑑은 '마음을 밝히는 보배로운 거울'이란 뜻을 지닌
  책으로써, 조선 5백 년의 지도 이념이던 유교사상을 중심으로 인생
  의 자기 수양 및 처세와 자녀들의 행실 교육을 위한 옛 명현, 사상가
  들의 생활 철학을 담고 있다.

서시

윤동주

죽는 날까지 하늘을 우러러
한 점 부끄럼이 없기를.
잎새에 이는 바람에도
나는 괴로워했다.

별을 노래하는 마음으로
모든 죽어가는 것을 사랑해야지
그리고 나한테 주어진 길을
걸어가야겠다.

오늘 밤에도 별이 바람에 스치운다.

빗자루

윤동주

요오리 조리 베면 저고리 되고
이이렇게 베면 큰 총 되지.

누나하고 나하고
가위로 종이 쏠았더니
어머니가 빗자루 들고
누나 하나 나 하나
엉덩이를 때렸소.

방바닥이 어지럽다고
아아니 아니
고놈의 빗자루가
방바닥 쓸기 싫으니
그랬지 그랬어.

괘씸하여 벽장 속에 감췄드니
이튿날 아침 빗자루가 없다고
어머니가 야단이지요.

* 윤동주: 시인, 독립운동가(중국 길림, 1917~1945).

거룩한 신앙, 거룩한 백성

아브라함은 강대한 나라가 되고 천하 만민은 그로 말미암아 복을 받게 될 것이 아니냐 내가 그로 그 자식과 권속에게 명하여 여호와의 도를 지켜 의와 공도를 행하게 하려고 그를 택하였나니 이는 나 여호와가 아브라함에 대하여 말 한 일을 이루려 함이니라. (창18:18~19)

나는 너희의 하나님이 되려고 너희를 애굽 땅에서 인도하여 낸 여호와라 내가 거룩하니 너희도 거룩할지어다.
(레11:45)

여호와께서 모세에게 말씀하여 이르시되 이스라엘 자손에게 명령하여 대대로 그들의 옷단 귀에 술을 만들고 청색 끈을 그 귀의 술에 더하라 이 술은 너희가 보고 여호와의 모든 계명을 기억하여 준행하고 너희를 방종하게 하는 자신의 마음과 눈의 욕심을 따라 음행하지 않게 하기 위함이라.
(민15:37~39) …… 하나님의 세밀하심을 보라

그리하여 너희가 내 모든 계명을 기억하고 행하면 너희의 하나님 앞에 거룩하리라 나는 여호와 너희 하나님이라 나는 너희의 하나님이 되려고 너희를 애굽땅에서 인도해 내었느니라. 나는 여호와 너희의 하나님이니라. (민15:40~41)

여호와의 산에 오를 자가 누구며 그의 거룩한 곳에 설 자가 누구
인가 곧 손이 깨끗하며 마음이 청결하며 뜻을 허탄한 데에 두지 아
니하며 거짓 맹세하지 아니하는 자로다 그는 여호와께 복을 받고
구원의 하나님께 의를 얻으리니 이는 여호와를 찾는 족속이요 야곱
의 하나님의 얼굴을 구하는 자로다. (시24:3~6)

너희는 너희가 하나님의 성전인 것과 하나님의 성령이 너희 안에
계시는 것을 알지 못하느냐 누구든지 하나님의 성전을 더럽히면 하
나님이 그 사람을 멸하시리라 하나님의 성전은 거룩하니 너희도 그
러하니라. (고전3:16~17)

주 하나님 지으신 모든 세계
(79장) – 4절(주숲주내)

1. 주 하나님 지으신 모든 세계 내 마음속에 그리어 볼 때
   하늘의 별 울려 퍼지는 뇌성 주님의 권능 우주에 찼네

(후렴)
   주님의 높고 위대하심을 내 영혼이 찬양하네
   주님의 높고 위대하심을 내 영혼이 찬양하네

2. 숲속이나 험한 산골짝에서 지저귀는 저 새소리들과
   고요하게 흐르는 시냇물은 주님의 솜씨 노래하도다

3. 주 하나님 독생자 아낌없이 우리를 위해 보내주셨네
   십자가에 피 흘려 죽으신 주 내 모든 죄를 대속하셨네

4. 내 주 예수 세상에 다시 올 때 저 천국으로 날 인도하리
   나 겸손히 엎드려 경배하며 영원히 주를 찬양하리라

이 세상 험하고
(263장) – 4절(이주내죄)

1. 이 세상 험하고 나 비록 약하나 늘 기도 힘쓰면 큰 권능 얻겠네

(후렴)
　　주의 은혜로 대속 받아서 피와 같이 붉은 죄 눈같이 희겠네

2. 주님의 권능은 한없이 크오니 돌 같은 내 마음 곧 녹여주소서

3. 내 맘이 약하여 늘 넘어지오니 주 예수 힘 주사 굳세게 하소서

4. 죄 사함 받은 후 새사람 되어서 주 앞에 서는 날 늘 찬송하겠네

[정책제안 1]

국민성 개조에 관한 방법론
-아름다운 한국어에서 저속한 욕설을 솎아내자

申若梅

나의 꾼 꿈을 들어 보시오

나는 꿈꾸기를 좋아한다, 그것도 황당한 꿈을. 때로는 너무 황당하여 스스로 '이런 한심한 자가 있나' 자책하기도 한다.

한때는 노아 시절 홍수심판 때 온 지면을 덮었던 그 엄청난 물이 어디로 이동했는지 알아내면 대박이겠다 싶어서 며칠 밤을 끙끙대며 연구를 한 적도 있다. 허황된 일인 줄 알면서도 꿈꾸기를 쉬지 않는 것은 무언가 새로운 희망이나 좋은 방도를 찾아내고자 함이다.

작금에 말세가 가까워올수록 우리나라에 자살과 흉악범죄가 만연하는 현상을 안타깝게 바라보는 늙은이의 한 사람으로서 본향으로 돌아갈 날이 가까워져 온다는 조급함에 나의 꾼 꿈 이야기를 서둘러 풀어놓으려 한다. 인간성 개조에 관한 방법론이다.

우리나라의 국민성, 다시 말하면 한韓민족의 나라인 대한

민국 백성의 성품이 만족스러운가? 이대로 무심하게 살다가 때가 되어, 이 성격을 그대로 사랑하는 후손들에게 물려주고 떠나게 되면, 양심상 일말의 후회나 가책이 일지 않겠는가?

별것 아닌 거 가지고 거친 언어폭력을 주고받다가, 철천지원수가 아닌데도 순간적 울화를 참지 못해 살인을 저지르는가 하면, 아직 한참을 더 살아야 할 나이인데 걸핏하면 자제심을 잃고 생목숨을 끊어, 우리의 부끄러운 자살률을 더 높여주고 떠난다.

광장의 욕설 소음은 또 어떤가. 국회의사당 안에서, 광장 시위 현장에서, 익명의 인터넷 통신상에서 난무하는 악의적 욕설은 의식 있는 국민으로 하여금 측은함과 안타까움으로 마음속에 화병이 도지게 하는데도 그냥 두어야 하는가.

한민족이 언제부터 이렇게 고약해졌나. 이것은 국민의 기독교인 비율이 한때 25%까지 올라갔다가 가파르게 떨어지고 불신자가 증가하는 현상과 궤를 같이 하며, 학교 교육 현장에 정의, 민족, 인간다움을 특별히 강조하는 참교육이 도입된 것과 일맥상통하여 발현된 현세대 한국인 성격의 민낯이다.

개탄할 사례를 열거하려면 이 외에도 한이 없다. 불행하게도 같은 조상의 유전자를 물려받아서인지 북한 공산당 동무들의 몰인간성은 남한보다 더 심하다. 북한의 공중파 방송국 아나운서나 인민군 장성의 남한을 향한 분노에 찬 막말 성명은 가히 목불인견目不忍見이다.

고약한 말은 고약한 심성에서 생산되어 나온다. 역으로 고약한 말은 그 말을 하는 사람 자신의 심성을 고약하게 만들기도 한다. 한편 고약한 심성의 사람이라도 될수록 고약한 말을 사용하지 말고 우아한 말을 사용하게 하면 그 심성을 우아하게 변화시킬 수 있다.

그런데 오늘날 우리 사회에는 고약한 욕설이 만연하고 있다. 윗물이 맑아야 아랫물이 맑을 터인데, 오랜 기간 위에서 오염된 물을 흘려보낸 결과인지 지금의 청소년 세대는 초등학교 고학년이 되면 이미 상당수가 일상에서 욕을 입에 달고 살 정도라고 한다.

악한 욕설은 죄악이다. 욕설 인구가 포화 수준으로 증가하게 되면 그 나라와 사회는 되돌리기 어려운 절망적 상태가 되는 것이다. 이쯤에서 나라의 국격이 더 이상 추락하기 전, 우리 청소년들이 지옥행 열차의 승강장 앞에 더 많이 모여들기 전에, 망국적 폭언과 욕설을 중단시키고 적극적으로 국민성을 고치려는 시도가 마땅히 있어야 한다. 과거 동방예의지국이라 칭송받던 예절이 바른 선조의 나라로 회복할 방도를 찾아야 한다.

현시점에서 기독교인 비율을 단기간에 상승시키거나, 참교육을 진짜로 참되게 재교육할 방도는 쉽지 않을 뿐 아니라 효과도 먼 훗날에나 기대할 수 있다.

그렇다면 국민성을 당장에 개조하는 효과적인 방도는 선배 세대인 노년과 장년이 지금 바로, 오늘부터 솔선수범하여 고약한 말을 삼가고 우아한 말을 골라서 쓸 것이며, 사명감을 가지고 후배 세대인 청소년들을 적극적으로 선도하고 훈계하는 방도 외에 다른 길은 없다.

대한민국의 가장 경쟁력 있는 트레이드 마크는 누가 뭐래도 한글, 한국어의 우아함이다. 그런데 거친 욕설을 표출할 때 사용하는 단어에 문제가 있다.

한국인이 화를 낼 때 사용하는 욕설의 대부분은 성性, 죽음, 개(犬)

와 관련된 언어이고, 더구나 효과를 극대화하기 위하여 상대방의 엄마까지 호출하여 욕할 때는, 누구나 들으면 분노가 치솟고 더 심한 욕설이나 행위로 보복하고 싶어지는 속성이 있다.

가끔 상스러운 욕설에 대한 면역력이 부족한 인사들이 죄의 유무를 불문하고 검찰 조사를 받은 직후에 자살하는 사례가 보도되는데, 젊은 조사관이 사용한 모욕적인 욕설이 인격 살인을 한 때문이라는 설이 있다.

우리의 이 욕설 문화를 고치지 않고서는 국민성 개선이 어려우며, 현재의 국민성을 고치지 않는 한 경찰관 숫자를 두 배로 늘린다 해도 중범죄를 줄이기 어렵다. 또한 우리가 갈망하는 선진국 진입도 어려울 뿐 아니라 혹여 경제적으로 선진국이 된다고 한들 이 정서를 가지고 무슨 낙樂이 있겠는가.

사노라면 욕설을 전혀 아니할 수는 없으되, 행여 욕설을 꼭 해야 한다면 그 용어와 표현이 너무 상스럽지 않도록 그 기준을 지정해 주는 것이 필요하다.

화를 내고 서로 욕설을 퍼붓다가도, 앞에서 언급한 모욕적인 요소가 빠진 새 욕설을 들음으로써 대응하는 분노의 강도가 급격하게 상승하지 않도록 하는 것이 요체이다. 그렇게 되면 크게 한 번 싸웠다고 해서 피차간에 원수 맺을 일이 없고 후속 범죄도 예방할 수가 있게 되는 것이다.

이제는 우리의 자랑스러운 한국어에서 저속하고 악의적인 욕설을 제도적으로 솎아내고 고상하고 유머러스한 단어로 분노를 표출케 함으로써, 현재의 시기하고 미워하고 보복하고 원수 맺는 성격이 변화되어 서로 이해하고 사과하고 용서하고 배려하는 성품으로 바뀌도록 하여야 한다.

그리하여 지옥문 어귀에서 서성대고 있는 청소년들을 구출해 내고, 그들이 학교와 가정, 일상생활에서 사용하는 모든 언어에 고상한 품성이 배어 나오도록 해야 한다. 그렇게 될 때 온 국민의 인격이 덩달아 고상하고 우아하게 변모될 것이고, 장차 맞이할 통일한국의 백성은 그 고상하고 우아한 성품으로 인해 온 세계인의 존경과 부러움을 받는 위대한 국민으로 평가받을 것이다.

국민성 개조의 제도적 실현을 촉진하기 위해 이렇게 제안하겠다. 가까운 장래에 우리 국회는 법률 개정을 논의할 시 여·야 합의로 헌법 또는 풍속 관련 법률안에 다음 조항을 꼭 좀 삽입해 주시기를 간곡히 부탁드린다.

제xx조 (타인에게 욕설을 퍼붓는 방법)
① 모든 국민은 다른 사람에 대해 부득이하게 분노를 욕설로 표출할 때는 그 분노의 강도에 따라 다음의 표현 외에 사용해서는 아니 된다.
    1. 약한 분노: 바보, 숙맥이, 미친눔
    2. 중간 분노: 웃기는눔, 벽창호, 옹고집
    3. 강한 분노: 한심한눔, 불한당, 태안졸눔(태어나지 아니하였더라면 좋을 뻔한 자)
        (* 눔이란 놈이나 년을 구분하지 않고 사용할 때의 지칭)
② 전항을 어긴 자는 천벌을 받아 마땅하다.
    (* 천벌 : 지옥불에 떨어짐) (마5:22)

2017년 12월

산업가産業家

申若梅

도시인都市人, 그것도 샐러리맨에게 식목일은 어떤 의미가 있을까. 나와는 무관한 날 같은 생각이 든다. 하필 이런 날 당직當直이 걸릴 게 뭐람. 평일보다 약간 늦은 시각에 집을 나서려는데, 2학년짜리 꼬마가 "아빠, 나무 심으러 가요"하고 매달린다. "인석아, 나무 심을 데가 어디 있어"하고 도망치듯이 뛰어나왔다.

사실이지 나무 심어 본 지도 까마득히 오래됐다. 아파트라는 시멘트 구조물에서 생활하고, 상가건물 교회에 다니며, 다람쥐 쳇바퀴 속 같은 고층빌딩 사무실에서 일해 보면, 땅은 고사하고 아스팔트라도 어디 제대로 밟아 보겠더라고. 얼마 만에 맞이한 휴일인데 하고 혀를 차며 사무실로 향한다.

당일치기라도 고향의 부모님에게 다녀오려고 했는데. 관광회사 앞의 울긋불긋한 행락 대열을 바라보며, 군인들이 밤낮 "부모형제 나를 믿고 단잠을 이룬다"고 악을 쓰듯이, '나는 그래도 산업역군이니까' 하고 자위해 본다.

가끔 동네에서 새로 반원 명부를 작성한다든지, 아이들 입학원서 또는 무슨 신청서 같은데 보면 내 이름 뒤에 어김없이 달려있는 직업란 때문에 고민할 때가 있다. 내 직업이 뭘까 망설이다가 그저 회사원會社員이라고 무심코 쓰고 만다. 써놓고 보면 과연 이런 직업도 있는지 의아해진다. 농업이나 어업 또는 상업이나 공무원 같으면 얼마나 마음이 편할까.

나의 아버지는 20대일 때나 70대이신 현재도 떳떳한 농부다. 샐러리맨의 경우는 상사商社에 근무하든 제조업체製造業體에 근무하든 그저 회사원이다. 사무계냐 기술계냐 구태여 구분해 보아도 역시 회사원일 따름이다.

그런데 이 회사원이란 것이 엉거주춤한 직업명이다. 상업도 아니고 공업도 아니고 어떤 구성원에 불과한, 기계로 치면 일개 부속과도 같다. 파리 목숨 같아서 내일이라도 관계가 끊어지면 내동댕이쳐지고 무직자가 되는 부품이란 말이 아닌가.

사람은 수고하고 땀을 흘려야 소산所産을 먹고 살게 되어 있다지만 이건 너무나 가혹한 부담이다. 회사원 대신 좀 고상하고 떳떳한 것으로 고쳐 불렀으면 좋겠다. '산업가'라고 하면 어떨까. 그래, 그게 좋겠다, 산업역군이니까. 나는 이제부터 산업가다.

일전에 어떤 인사가 쓴 글에서 우리나라 샐러리맨의 평균수명이 2.8년이란 통계를 본 적이 있다. 약 3년이란 말인데 이 3년은 묘한 인연이 있는 숫자다. 연수年數를 묶을 때 길게는 세기가 있고 조금 짧게는 세대라는 게 있다. 그 다음은 강산을 한번 변화시킨다는 10년이 유명하다.

그러나 이런 것들은 너무 길어서 무의식중에 흘러가는 역사에나 소용이 있는 기간들이고 오히려 우리와 친숙한 기간은 이보다 훨씬 짧다. 중년中年이 얼마 남지 않은 지금 나의 지난날들을 보면 일정한 길이로 토막이 나 있는 것을 알 수 있다.

국민학교 6년, 중·고등학교가 각 3년씩이다. 거기에 군대생활이 또한 3년간이다. 샐러리맨이 되고서는 전 직장에서 3년, 현 직장에서 6년째 근무하고 있다. 3년 아니면 3의 배수다.

이걸 무슨 법칙이라고 할까. 법칙으로 정리하기에는 보기가 아직 너무 부족하겠지만, 좌우간 샐러리맨의 평균수명이 3년이란 것이 우연한 일만은 아닐 것이다. 3년을 입었으니 벗어버리고 새 옷을 입겠다는 데는 하나도 이상할 것이 없다.

단지 유한한 나그넷길에서 우물 한 개로 족할 것인가, 아니면 여기저기를 파야 할 것인가 그것이 문제다.

그렇지만 우물은 물이 나와야 하니까, 진작부터 물이 쏼쏼 나온다면 그보다 좋은 일은 없으련만, 파도 파도 암벽이 계속될 때는 무모하기보다는 자리를 옮겨서 파는 것도 나쁘지 않으리라. 문제는 똑같은 형편에 이미 물을 퍼서 마신 자가 있는가 하면, 아직 구경도 못 한 자가 있다. 세상만사 불공평하지만 인식하기에 달린 거지. 산업역군들이여! 힘을 냅시다. 그리고 얼른 만족해버립시다.

* 이 글은 1982.4.8일 자 〈경향신문〉의 '직장인 칼럼' 「우리는 샐러리맨」란에 게재되었던 산문이다. 당시 경향신문은 메이저 언론 중 하나였고, 그 신문에서 '시사만평'을 연재하고 있던 고향 친구가 편집부 요청으로 그 주간 칼럼에 게재할 원고를 긴급히 구한다면서 내게 갑자기 원고를 부탁해 거절할 틈도 없이 얼떨결에 쓴 글이다. 4월 5일 식목일 단상을 적은 글인데, 41년 전 빛바랜 신문 스크랩에서 옮겨 적었다.

2월

● 말씀 읽기: 〈레위기 – 신명기〉

● 요절: 너희는 재판할 때에 불의를 행하지 말며, 가난한 자의 편을 들지 말며, 세력 있는 자라고 두둔하지 말고, 공의로 사람을 재판할지며 (레19:15)

● 농사 절기: 입춘立春, 우수雨水

● 행사: 음 1월 1일-설날··부모 공경, 효도하기
　　　　　　　　　친지, 형제자매 우애 다지기
　　　　　　　　　전통, 세시풍속 놀이 즐기기

〈 명심보감 교훈 〉

일생의 계책은 어릴 때 있고,
한 해의 계책은 봄에 있고,
하루의 계책은 새벽녘에 있다.
어려서 배우지 않으면 늙어서 아는 바가 없고,
봄에 갈지 않으면 가을에 바랄 것이 없고,
새벽녘에 일어나지 않으면, 그날에 할 일이 없다.

孔子三計圖에 云하되,
一生之計는 在於幼하고,
一年之計는 在於春하고,
一日之計는 在於寅이니,
幼而不學이면 老無所知요,
春若不耕이면 秋無所望이요,
寅若不起면 日無所辨이니라.

광야曠野

이육사

까마득한 날에
하늘이 처음 열리고
어데 닭 우는 소리 들렸으랴

모든 산맥山脈들이
바다를 연모戀慕해 휘달릴 때도
차마 이 곳을 범犯하던 못하였으리라

끊임없는 광음光陰을
부지런한 계절季節이 피어선 지고
큰 강물에 비로소 길을 열었다

지금 눈 내리고
매화향기梅花香氣 홀로 아득하니
내 여기 가난한 노래의 씨를 뿌려라

다시 천고千古의 뒤에
백마白馬타고 오는 초인超人이 있어
이 광야曠野에서 목놓아 부르게 하리라

*李陸史(본명 이원록): 시인 (안동, 1904~1944).

알 수 없어요

한용운

바람도 없는 공중에 수직의 파문을 내이며 고요히 떨어지는 오동 잎은 누구의 발자취입니까.

지리한 장마 끝에 서풍에 몰려가는 무서운 검은 구름의 터진 틈으로 언뜻언뜻 보이는 푸른 하늘은 누구의 얼굴입니까

꽃도 없는 깊은 나무에 푸른 이끼를 거쳐서 옛 탑 위의 고요한 하늘을 스치는 알 수 없는 향기는 누구의 입김입니까

근원은 알지도 못할 곳에서 나서 돌부리를 울리고 가늘게 흐르는 작은 시내는 굽이굽이 누구의 노래입니까

연꽃 같은 발꿈치로 가이없는 바다를 밟고, 옥 같은 손으로 끝없는 하늘을 만지면서 떨어지는 날을 곱게 단장하는 저녁놀은 누구의 시詩입니까.

타고 남은 재가 다시 기름이 됩니다. 그칠 줄을 모르고 타는 나의 가슴은 누구의 밤을 지키는 약한 등불입니까.

* 한용운: 독립운동가, 승려. 호는 만해萬海 (홍성, 1879~1944).

인생 성공의 비결,
주야로 말씀 묵상하는 삶

　복 있는 사람은 악인들의 꾀를 따르지 아니하며 죄인들의 길에 서지 아니하며 오만한 자들의 자리에 앉지 아니하고, 오직 여호와의 율법을 즐거워하여 그의 율법을 주야로 묵상하는도다. 그는 시냇가에 심은 나무가 철을 따라 열매를 맺으며 그 잎사귀가 마르지 아니함 같으니 그가 하는 모든 일이 다 형통하리로다. (시1:1~3)

　주의 말씀의 맛이 내게 어찌 그리 단지요, 내 입에 꿀보다 더 다니이다. 주의 법도들로 말미암아 내가 명철하게 되었으므로 모든 거짓 행위를 미워하나이다. (시119:103~104)

　주의 말씀은 내 발에 등이요 내 길에 빛이니이다. 주의 의로운 규례들을 지키기로 맹세하고 굳게 정하였나이다. (시119:105~106)

　다윗이 블레셋 사람에게 이르되 너는 칼과 창과 단창으로 내게 나아오거니와 나는 만군의 여호와의 이름 곧 네가 모욕하는 이스라엘 군대의 하나님의 이름으로 네게 나아가노라. 오늘 여호와께서 너를 내손에 넘기시리니 내가 너를 쳐서 네 목을 베고 블레셋 군대의 시체를 오늘 공중의 새와 땅의 들짐

승에게 주어 온 땅으로 이스라엘에 하나님이 계신 줄 알게 하겠고, 또 여호와의 구원하심이 칼과 창에 있지 아니함을 이 무리에게 알게 하리라. 전쟁은 여호와께 속한 것인즉 그가 너희를 우리 손에 넘기시리라. (삼상17:45~47)

내가 또 너희에게 이르노니 구하라 그러면 너희에게 주실 것이요 찾으라 그러면 찾아낼 것이요 문을 두드리라 그러면 너희에게 열릴 것이니, 구하는 이마다 받을 것이요 찾는 이는 찾아낼 것이요 두드리는 이에게는 열릴 것이니라. (눅11:9~10)

너희 중에 아버지 된 자로서 누가 아들이 생선을 달라 하는데 생선 대신에 뱀을 주며 알을 달라 하는데 전갈을 주겠느냐 너희가 악할지라도 좋은 것을 자식에게 줄 줄 알거든 하물며 너희 하늘 아버지께서 구하는 자에게 성령을 주시지 않겠느냐 하시니라. (눅11:11~13)

주 예수보다 더 귀한 것은 없네

(94장) - 3절(부귀, 명예, 행복)

1. 주 예수보다 더 귀한 것은 없네
   이 세상 부귀와 바꿀 수 없네
   영 죽은 내 대신 돌아가신
   그 놀라운 사랑 잊지 못해

(후렴)
   세상 즐거움 다 버리고 세상 자랑 다 버렸네
   주 예수보다 더 귀한 것은 없네 예수 밖에는 없네

2. 주 예수보다 더 귀한 것은 없네
   이 세상 명예와 바꿀 수 없네
   이전에 즐기던 세상 일도
   주 사랑하는 맘 뺏지 못해

3. 주 예수보다 더 귀 한것은 없네
   이 세상 행복과 바꿀 수 없네
   유혹과 핍박이 몰려와도
   주 섬기는 내 맘 변치 않아

비바람이 칠 때와
(388장) – 4절(비나전나)

1. 비바람이 칠 때와 물결 높이 일 때에
   사랑 많은 우리 주 나를 품어 주소서
   풍파 지나가도록 나를 숨겨 주시고
   안식 얻는 곳으로 주여 인도 하소서

2. 나의 영혼 피할 데 예수밖에 없으니
   혼자 있게 마시고 위로 하여 주소서
   구주 의지하옵고 도와주심 비오니
   할 수 없는 죄인을 주여 보호 하소서

3. 전능하신 예수께 나의 소원 있으니
   병든 자와 맹인을 고쳐주심 빕니다
   나에게는 죄악이 가득하게 찼으나
   예수께는 진리와 은혜 충만하도다

4. 나의 죄를 사하는 주의 은혜 크도다
   생명수로 고치사 나를 성케하소서
   생명수는 예수니 마시게 하시옵고
   샘물처럼 내 맘에 솟아나게 하소서

[신앙소설 ①]

노아시대 홍수심판의 전말

"네가 만들 방주는 이러하니 그 길이는 137m, 너비는 23m, 높이는 14m니라." 노아가 꿈속에서 받은 하나님의 계시이다. "모든 혈육 있는 생물의 포악과 죄악이 땅에 가득하므로 땅과 함께 그들을 모두 멸하리라. 너는 산에 올라가 잣나무로 구원의 방주를 만들라."

기이한 꿈을 꾸고 노아는 소스라치게 놀라서 잠이 깼다. 배를 한 번도 만들어 본 적이 없는 내가 어떻게 그런 거대한 배를 만들 수 있을까? 두려움과 염려로 그 밤에 더 이상 잠을 이룰 수가 없었다. 노아 480세 때의 일이다.

원시인류의 자연 수명은 8~900년을 사는 것이 보통이었고, 이렇게 장수한 것은 자연환경이 깨끗하고 영양소가 풍부한 식물 위주의 자연식을 먹는 데다가 생육과 번식이 왕성하도록 하나님이 복을 주셨기 때문이다. 수명이 이렇듯 길다 보니 인구가 급속하게 팽창하여 인간사회에는 점차 극심한 경쟁과 갈등구조가 형성되고 여기에 사탄이 개입하여 사람을 꾀어 하나님을 반역하도록 조종하였다. 사탄의 종이 되어 창조주와의 교감이 끊어진 인간은 짐승처럼 자기 마음에 좋은 대로 행동하므로 세상은 죄악의 경연장으로 변모하고 말았다. 하나님은 땅 위에 사람 지었음을 한탄하시고 죄로 오염된 땅을 물로 씻고 갈아엎는 홍수심판을 계획하셨다.

노아는 아담의 10대손으로 악인의 꾀를 따르지 아니하고 모든 죄악에서 떠나 하나님과 동행하는 삶을 즐거워하는 당대의 유일한 의인이었다.

이튿날 날이 밝자 노아는 목수인 아버지 라멕을 그의 작업 공방으로 찾아갔다. 마침 그곳에 함께 있던 할아버지 므두셀과 라멕에게 지난밤의 꿈 이야기를 들려드리자, 그들은 별로 놀라는 기색도 없이 드디어 올 것이 오고야 말았다는 듯 서로 눈길을 마주치며 고개를 아래위로 가만히 끄덕였다.

"노아야, 두려워하는 표정이구나. 염려할 것 없다. 하나님께서 작전 개시 명령을 너로 내리신 것이니 안심해라."

므두셀은 손자가 대견해 못 견디겠다는 듯 노아의 팔과 어깨를 감싸 안고는 등을 토닥이며 창문 너머 푸른 하늘을 우러러보았다.

"주님, 알겠습니다! 감사합니다!"

독백처럼 말하며 하늘을 향해 머리를 조아린 후 라멕에게로 돌아서며,

"아범아, 들었지? 작전 개시다. 서둘러야겠구나. 먼저 네가 소중히 보관해둔 그 옷을 좀 가져오겠니?"

라고 말하며 의자에 앉아 추억을 떠올리는 듯 눈을 지그시 감았다.

벌써 500년이 더 지났는데도 므두셀은 엊그제 일인 듯 그날의 기억이 뇌리에 생생하다. 므두셀의 아버지 에녹은 그날 어머니와 형제들에게는 알리지 않고 므두셀과 맏손자 라멕만을 대동하고 아침 일찍 호렘산 정상을 향해 길을 떠났다. 므두셀 300세, 라멕 113세

때의 일이다.

호렘산은 높기도 하려니와 청명한 날에도 자주 중턱에 구름을 허리띠처럼 두르고 있고, 산세가 험준해서 사람들은 그 산에 오르는 것을 예전부터 두려워하였다.

구름 때문만이 아니었다. 그 산은 여호와의 산으로 불리었고, 또한 중턱까지 잣나무가 울창하며 맹수들이 자주 출몰해서 산을 오르다 중간에 길을 잃으면 변을 당하기 일쑤였기 때문이다.

그날도 산허리에는 구름이 둘러쳐져 있었으나 중턱에 다다르자, 아래에서와는 달리 햇빛은 눈부시게 쏟아졌고 평원에서 불어오는 바람이 시원하게 이마의 땀을 식혀주었다. 바람 불어오는 곳을 향해 눈을 들어보니 멀리 끝 간 데를 모를 평원이 펼쳐져 있지만, 발아래는 마치 구름을 밟고 선 듯 폭신하게 느껴졌고 산 아래 점점이 흩어져 있는 마을은 구름에 가려 보일락 말락 아득한 풍경이었다.

중턱을 올라타니 이산 저산의 봉우리가 합쳐지면서 경사는 오히려 완만해지며, 이제는 잣나무 군을 대신하여 키가 작은 관목류 숲이 펼쳐져 있고 수풀 사이에는 각종 과일나무가 지천으로 널려 있었다. 조금 더 올라가니 이번엔 기화요초가 꽃밭을 이루고 있었다.

호렘산의 정상은 희끄무레한 바위로 덮여 있는데 정상 조금 아래에는 속이 상당히 넓어 보이는 바위 동굴이 빼꼼히 입을 벌리고 있었다. 에녹은 아들과 손자를 제지하여 동굴 앞 너럭바위 위에 불러 세웠다.

"얘들아, 잘 들어라. 나는 오늘 영원하신 아버지, 너희 하나님이 계시는 나라로 여행을 떠나려고 한다. 하나님께서 내게 하늘에 올라와 함께 배를 설계하자고 하시는구나."

"배라니요, 무슨 배 말씀인가요?"

"너희 후손을 죄로 오염된 세상에서 구원할 방주가 필요하다고 하셨다."

에녹은 아들의 질문에 대답하며, 잠시 구름 아래 먼발치께 그들이 떠나온 도시를 눈으로 찾는 듯하더니 그윽한 눈빛으로 므두셀을 바라보며 물었다.

"므두셀! 너는 네 이름의 뜻을 아느냐?"

"네, '창 던지는 자'라고 아버지께서 예전에 말씀해 주셨지만, 정확한 의미는 여태 모르고 있습니다."

"네 이름은 이 세상을 징벌하실 홍수심판계획의 작전명이다. 창을 던지면 과녁에 꽂히겠지? 과녁에 창이 꽂히는 순간 땅의 심판이 시작된다는 뜻이다. 네가 태어나던 날 하나님이 직접 지어주신 이름이다."

"그럼, 저는 이제 어떻게 해야 하나요, 아버지?"

므두셀은 아버지의 옷자락을 부여잡으며 애원하듯 물었다.

"시간의 주인은 하나님이시다. 한시도 잊지 말거라. 역사를 주장하시는 주님께서 네게 신호를 주실 것이다. 신호가 있을 때까지는 묵묵히 목수일에 전념하며 살아라. 때가 이르면 땅의 심판과 구원을 위해 네가 해야 할 과업을 일러주실 것이다."

그때 먼 하늘에서 천둥 같은 소리가 웅웅 하고 울리기 시작했다.

애녹은 소리 나는 쪽을 잠깐 바라본 후 다시 고개를 돌리며 말했다.

"주님께서 지시하신 과업을 마치는 대로 너는 지체없이 창을 과녁에 꽂고 곧장 내게로 오면 된다. 너는 바로 하나님이 잡고 계시는 재창조 조정 간의 실행 스위치란다."

옆에 서 있던 라멕이 울부짖듯 소리를 질렀다.

"할아버지! 헤어지기 싫어요. 저는 어떻게 해요?"

"목수 라멕아, 너야말로 중요한 역할이 있단다. 이 할아버지한테 물려받은 기예를 더욱 연마하고 숙련시켜서 하나님이 쓰실 그릇으로 깨끗하게 준비하였다가 네게 소임이 떨어지면 그 일을 멋지게 처리하도록 하고, 소임을 마치는 날 하나님 나라에서 기쁘게 다시 만나자꾸나. 내 사랑 라멕아, 안녕!"

바로 그때였다. 번개처럼 밝은 빛이 눈앞에 번쩍하는가 싶더니 바닥이 진동하며 급한 바람 소리 같기도 하고 많은 물소리 같기도 한, 급박하게 무언가 돌아가는 소리가 산 정상에서 들리기 시작하자 에녹은 아들과 손자의 손을 한 쪽씩 양손으로 힘껏 잡아준 후에 돌아서서 손을 한번 흔들어 보이고는 동굴 입구 옆을 돌아 산 정상을 향해 급히 걸음을 옮겼다.

므두셀과 라멕이 아버지! 할부지! 를 외치며 따라가려고 했지만, 그들은 팔만 허우적거릴 뿐 그 자리에 얼어붙은 듯 움직이질 못했다. 발이 땅에서 떨어지지를 않았다. 다시 한번 강한 빛이 번쩍인 후 소리가 멀어지기 시작하자, 그들의 발이 바닥에서 떨어지며 몸이 나둥그러졌다.

그들이 일어나 황급히 산 정상으로 뛰어 올라가 보니 에녹의 모습은 간곳없고, 잠시 후 그가 입었던 겉옷 상의가 그들이 쳐다보고 있는 하늘로부터 라멕의 발 앞에 툭 하고 떨어졌다.

"라멕아, 이것은 할아버지가 승천하신 증거물이니 네가 소중히 간직하도록 하여라. 후일에 요긴하게 쓰일 날이 있을 것만 같구나."

추억에 잠겨있는 므두셀 앞에 라멕이 오래되어 나뭇결이 도드라져 보이는 목갑 하나를 받쳐 들고 들어왔다.

"아버지, 여기 할부지 옷을 가지고 왔습니다."

"그래, 함께 열어보자꾸나."

므두셀은 상자를 연 후 노아를 바라보며,

"노아야, 이것은 너의 증조부, 에녹 할아버지가 평소에 입으시던 겉옷 저고리이다. 네가 태어나기 전 호렘산 정상에서 승천하시던 날 네 아버지와 내가 받아가지고 내려온 보물이다. 네가 이 옷을 입고 할아버지의 영감으로 방주를 설계해 보려무나."

"아범아, 너의 생각은 어떠냐?"

"좋은 생각이세요. 노아가 설계해 주면, 저는 목재를 재단하고 가공하여 동생들과 함께 방주를 건조하겠습니다."

므두셀의 삼부자는 노아를 통해 지시된 하나님의 명령을 즉시 이행하기로 하였다.

방주를 건조할 작업장은 호렘산 중턱 잣나무 군락지 끝자락에 널찍한 곳을 찾아서 마련했다. 공사를 지휘할 캠프와 방주 건조에 참여하는 인력의 거처와 식당은 방주 작업장에서 멀지 않은 관목류 숲속에 건축하였다.

노아는 증조부 에녹의 저고리를 입고 배의 모형과 치수, 각종 각재, 판재의 규격을 상세하게 설계해서 내어놓았고, 라멕은 노아의 설계대로 목재를 재단하는 작업과 방주 건조 공정의 모든 현장 작업을 지휘했으며, 므두셀은 이 모든 작업의 총감독을 맡아서 지휘했다. 공정의 진도관리는 매일 아침 노아가 하나님과 대면하여 그날의 작업 목표와 순서를 지시받아서 시행하기로 하였다.

목재의 재단은 나무의 벌목으로부터 시작되었으며 그 이후의 운송, 건조, 제재 등 원재료 공급에 관한 모든 공정은 라멕이 책임지고 수행하였다.

먼저 필요한 목재의 전체 물량부터 가늠해야 했다. 지상에서 호흡하는 혈육 있는 모든 동물을 종별로 두 쌍씩, 그 중에서 정결한 짐승과 새는 일곱 쌍씩, 그들이 일 년 동안 소비할 양식과 함께 수장하기 위해서는 선복량 4,500톤 이상의 방주가 필요하였으며, 거기에 사용될 목재의 물량은 엄청나게 많았다.

또한 생활 습성과 활동 조건이 전혀 다른 동물들을 종별로 안전하게 구분 안치하기 위해서는 배의 선실을 상중하 삼 층으로 만들어야 했고, 또한 같은 층에서도 서로 다투지 못하도록 칸막이로 분리해 주어야 했다.

라멕이 공급해 주는 원부자재를 받아 방주를 조립하고 판재를 부착하는 공정은 라멕의 바로 아래 동생 마룽이 맡아주기로 하였다. 이 공정에는 많은 일손이 필요하므로 그의 여러 아들들과 조카 및 자부들까지 동원되었다.

목재의 부식을 방지하며 또한 틈새로 물이 스며들지 않도록 판재를 방부, 방수 처리하는 공정은 배를 조립하는 공정에 못지않게 중요한 일이었다.

완벽한 방부, 방수를 위해서는 목재를 부착하기 전 단계와 후공정에 중복하여 배의 안팎을 역청으로 칠하기로 했고, 이를 위해서는 역청 제조공장을 따로 운영해야 했다. 역청 제조를 위해서는 먼저 목탄 제조가 필수이며, 목탄은 호렘산 정상의 바위 동굴 중 한 곳의 입구에 토벽을 쌓고 천정에 배기조절용 굴뚝을 낸 후 참나무를 태워서 만들었으며, 목탄 굽기와 역청 제조공장의 운영 및 목재에 역청을 도포하는 일은 모두 두 번째 동생 기룐이 수행하였다.

방주 건조를 시작한 지 110년이 지나자 드디어 하나님께서 일러

<노아의 방주1>

그림:김윤길

주신 치수대로 배의 바닥판, 용골, 보강대, 데크 등 뼈대 조립을 완료하고 안팎으로 판재를 모두 부착하여 배의 거대한 구조가 모습을 갖추게 되었다.

　방수를 위해 방주의 바닥판과 내부는 매 부분 공정 수행시마다 치밀하게 역청을 도포해 두었으므로, 이제 남은 방수공정은 방주의 외관에 있는 틈새를 찾아 메우고 전체적으로 역청을 한 차례 더 도포하는 일이었다. 방주의 지붕에 해당하는 상갑판 덮개공사를 마쳤을 때 라멕의 두 동생들이 총감독인 아버지를 사무실로 찾아왔다.

　"아버지, 이제 저의 임무는 끝났어요."

　둘째인 마룽이 먼저 말을 꺼냈다.

　"그래. 마룽아, 오랫동안 너무 수고가 많았구나. 잘했다."

　이번에는 셋째 아들인 기룬이 나섰다.

　"아버지, 저도 임무를 거의 끝냈어요."

"기룐아, 외부에 방수제 바르는 것은 이제 시작이더구나. 역청도 더 만들어야 하고. 네가 수시로 형의 판재부착 작업을 도왔던 것처럼, 이제부턴 형의 협조를 받아 함께 역청 바르기 작업을 마저 마치도록 하여라."

마룽이 다시 나선다.

"저는 집에 다녀온 지가 일 년이 넘었어요. 이제는 돌아가겠어요. 다음 달엔 집에 남겨둔 저의 막내가 장가를 가게 된답니다. 그리고 오래 집을 비웠기 때문에 할 일이 태산처럼 밀려 있어요."

"둘째야, 구원받는 일보다 중요한 것이 어디 있겠니? 그럼, 이번에 내려가면 아이들을 모두 데리고 올라오려무나. 아무래도 하나님의 심판이 임박한 것만 같구나."

"아니에요. 아버지, 저는 이제 부르지 마세요. 심판에는 관심 없어요."

셋째가 다시 끼어든다.

"아버지, 저도 그만 내려가겠어요. 저는 다음 주에 셋째 딸 결혼식이 있어요. 벌써 여러 번 연기해서 더 이상 연기하면 파혼하겠다고 통보해 왔답니다. 그리고 저는 이제 다시는 안 올라옵니다."

므두셀은 주름진 얼굴에 슬픈 안색을 지으며,

"안 된다, 얘들아! 너희들이 만든 저 배는 구원의 방주란다. 너희들과 노아네 식구 중 누구라도 방주에 들어가지 않으면 살길이 없어. 이미 창이 과녁을 겨누고 있는 걸 왜 모르느냐?"

므두셀이 두 아들에게 눈물로 호소하고 있는데, 언제 들어왔는지 사무실 입구에 서 있는 라멕의 눈에도 눈물이 고여 있다.

아버지와 형의 간곡한 권유에는 아랑곳하지 않고 마룽이 외친다.

"아버지! 저 아래 사람들이 우리를 보고 뭐라고 하는지 아세요?

완전히 미친 사람들이라고 손가락질하고 있어요. 이 맑은 대명천지에 산 위에다 배를 만드는 사람들이 제정신이냐고 얼마나 우리를 조롱하고 있는데 그래요."

기론도 소리친다.

"형님! 저희는 이제 안 올라옵니다. 그러니 나머지 작업공정은 알아서 하시고 형님네나 구원 많이 받으세요."

라멕의 동생들은 이 대화를 끝으로 짐을 챙겨서 영영 떠나고, 함께 일하던 조카들과 다른 모든 식솔도 하산하고 말았다. 이제는 므두셀과 라멕 부자와 노아의 여덟 식구 외에는 작업할 인력이 남아 있지를 않았다.

므두셀은 그토록 오랜 세월 함께 생활하며 저들을 권면하고 훈계했건만 쇠귀에 경 읽기로 구원을 외면하고 장망성(장차 멸망할 도시)으로 돌아가는 아들들과 손자들의 불쌍한 영혼을 생각하며 한없이 눈물을 흘렸다.

동생들과 조카들이 모두 철수하자 라멕은 외부 방수에 필요한 목탄제조에 직접 나서기로 하였다. 노아와 그의 아들들은 외벽에 역청 도포하는 일과 선실 내부 칸막이 공사, 동물들의 진출입 계단 만들기, 사람과 동물들이 선실에 드나들 출입문 만들기에 여념이 없었기 때문이다.

방주의 외벽 전체를 방수하기에 충분한 목탄과 역청제조를 마침으로 라멕은 자기의 역할이 끝났음을 깨닫자, 그 옛날 할아버지와의 약속을 기억해내고 할아버지에게 돌아갈 방도를 찾기로 하였다.

호렘산 정상 목탄공장으로 사용한 바위 동굴 입구에는 목탄을 굽기 위해 올려다 놓은 참나무 원목이 아직 많이 쌓여 있었다. 라멕은 이제 더 이상 필요가 없게 된 원목 통나무를 너럭바위 바로 앞, 예전에 할아버지가 승천하던 날 마지막으로 걸어갔던 길 옆 동굴 안으로 옮기기 시작했다. 그리고 그 통나무를 동굴 바닥에 촘촘하게 깔고 남은 통나무는 안벽에 기대어 세웠다. 그러고는 바닥의 통나무 위에 두 사람이 누울 자리를 만든 다음 한쪽 편에 자기 몸을 뉘었다.

"하나님! 보십시오. 노아의 방주가 완성되어 갑니다. 저는 할아버지와의 약속을 지켰습니다. 선한 싸움을 싸우고 저의 달려갈 길을 마치고 믿음을 지켰습니다. 이제 하나님 나라에 할아버지 곁으로 데려다 주세요."

홍수심판이 시작되기 5년 여 전, 그의 나이 777세 되던 해에 라멕은 받은 달란트를 모두 사용하고 할아버지 에녹이 승천한 바위 밑 동굴에 누워 자기 영혼을 하늘나라로 올려보냈다.

라멕이 본향으로 돌아간 후에도 므두셀은 다른 아들, 딸들이 돌아오기를 종용하며 간절히 기다렸지만 한번 떠난 그들은 끝내 구원의 방주로 돌아오지 않았고 세상은 여전히 먹고 마시고 장가들고 시집가고 죄를 범하는 일에는 열심을 내면서도 생명 구하는 일에는 무관심하였다. 때가 차매 하나님께서는 더 이상 기다리기를 멈추시고 심판 절차의 초읽기에 들어가셨다.

므두셀은 노아 부부와 손자들과 손부들을 마지막으로 불러서 축복하고 호렘산 정상을 향해 노아를 데리고 올라갔다. 기운을 모두 소진하였으므로 손자의 부축이 없으면 산을 오르기가 어려웠다. 그 옛날 아버지 에녹이 자기를 데리고 간 장소인 호렘산 정상 너럭바위 위에 멈춰 섰다. 므두셀은 노아의 손을 꼭 잡고 서서 아버지 하나님께 감사의 기도를 드렸다.

"천지의 주재시여! 이제는 말씀하신 대로 종을 평안히 놓아주시니 감사하옵니다. 하나님의 나라에서 저의 아버지와 아들 라멕을 기쁨으로 만나기를 원하나이다. 노아가 만든 이 방주가 노아와 그의 가족들과 동물 가족들을 태우고 안전하게 운행하게 하시고, 그들이 주님께서 인도하시는 새로운 땅에서 복을 받아 살 때에 길이 하나님께 영광을 돌리며 살게 하옵소서."

므두셀이 천천히 고개를 들어 969년을 살고 바라보는 마지막 하늘 어디쯤 나의 본향이 있을까 확인하는데, 오늘의 임무를 마치고 떠나는 태양이 곧 닥치게 될 땅의 탄식을 예고라도 하려는 듯 서편 하늘을 온통 핏빛으로 물들이며 지평선 끝자락을 향해 서서히 고도를 낮추어가고 있는 중이었다. 그때 므두셀의 눈에 동편 하늘로부터 손바닥만한 검은 구름 한 점이 호렘산 정상을 향해 접근해 오는 것이 분명하게 보였다.

므두셀은 결심이 선 듯 노아의 손을 놓으며 '나는 괜찮으니 너는 어서 내려가라'는 손짓을 여러 번 한 후 동굴을 향해 돌아선다. 노아는 돌아선 할아버지의 등을 향해 눈물을 뚝뚝 흘리며 절을 세 번 올렸다. 므두셀은 마지막 힘을 내어 창을 던지기 위해 동굴 속으로 뚜벅뚜벅 걸어 들어가서 라멕의 시신 옆에 편안히 누웠다.

호렘산 정상에 도착한 검은 구름은 두루마리 종이를 펼치듯이 빠르게 하늘을 동서남북으로 덮어가기 시작하였다. 노아는 창이 던져진 것을 확인하자 슬퍼할 겨를도 없이 황급히 방주를 향해 뛰어 내려갔다.

"셈, 함, 야벳! 어서 나오너라. 엄마와 너희 아내들도 데리고 나오너라! 하늘을 봐라. 저런 구름은 난생처음이다."

방주에 도착하자마자 노아가 이렇게 소리치는데 온 하늘을 덮은 검은 구름 사이에서 번개가 번쩍하는 것을 시작으로 천둥과 함께 산 아래쪽부터 비가 쏟아지기 시작하였다.

　노아네 식구들과 동물들이 1년간 방주 안에서 먹을 양식과 사료의 적재작업은 지난달에 시작하여 오늘 오전까지 완료해 둔 상태였다. 이제 동물들을 어떻게 방주에 불러들이느냐가 난제로 남았다. 일단 세 아들과 자부들에게 각 층의 담당을 맡기고 각자 관리할 동물의 리스트를 회람하였을 뿐 어디서부터 얘네들을 안내할지는 막연하였다.

　이 문제로 방주 2층 회의실에 모여 토론하고 있는데 바깥이 소란하다. 맏아들 셈이 문밖에 나갔다가 아연실색한 모습을 해서 뛰어들어온다.

　"아버지, 큰일 났어요!"

　"형, 무슨 일인데?"

　모두 눈이 휘둥그레져서 셈의 입을 바라보는데,

　"지금 산 아래쪽으로부터 수천, 수만의 동물들이 비를 피해 눈에 불을 켜고 새까맣게 몰려오고 있어요."

　셈의 말에 모두 방주 밖으로 뛰어 나가보니 정말 무시무시한 장면이 따로 없었다. 큰 군대가 백병전을 펼치려고 거리를 좁혀오듯이 동물들이 올라오고 있었다. 그 사이 산 아래쪽은 이미 빗줄기가 굵어져 장대처럼 쏟아지고 있었고, 산 중턱 위로는 아직 빗줄기가 세지 않았다.

　"얘들이 지금 당장 방주로 들이닥칠 기세로구나. 빗줄기가 더 굵어지기 전에 먼저 온 얘들부터 들여놓아야겠다. 횃불이 준비되어 있느냐?"

누구에게랄 것 없이 노아가 아들들에게 물었다.

"아버지, 횃불 준비를 미처 못 했어요. 어쩌죠?"

항상 성실한 셋째가 대답했다.

그때였다. 호렘산 정상에서 쿠왕! 소리와 함께 불길이 솟구친다. 모두 산 위를 쳐다보니 불은 조금 전 할아버지가 걸어 들어간 동굴에서 솟아 나오고 있었다. 동굴 안에 적재해 둔 통나무에서 발화되어 동굴 바깥으로 넘실거리는 화염이 아래쪽으로 방주 주변을 써치라이트처럼 환하게 비추고 있었다.

"하나님께서 불을 밝혀주신 것이다. 각자 자기가 맡은 위치로 가서 문 앞에 서라. 그리고 승선을 완료한 애들과 숫자는 며눌아기들이 체크하도록!"

세 명의 아들들은 각자 자기가 담당하기로 되어 있는 동물의 출입문 앞에 섰다.

맏아들 셈과 아내 마리안은 1층의 짐승 우리로 통하는 중앙 출입문이다. 네 발로 걸어 다니는 짐승은 모두 중앙에 있는 대문으로 들어오게 되어 있다. 둘째 아들 함과 아내 다말은 2층의 벌레 우리로 통하는 좌측 문이다. 몸집이 작고 여러 개의 다리나 배로 기어다니는 곤충, 벌레, 파충류는 모두 좌측에 있는 문을 사용하여 올라가야 한다. 이동속도가 느리고 개체 종류도 많아서 혼잡을 피해 각자 수단껏 다양한 방법으로 올라갈 수 있도록 널빤지와 막대기, 줄을 무수히 늘어뜨려 놓았다. 셋째 아들 야벳과 라헬 부부는 3층의 날개 동물 우리로 통하는 우측 문이다. 날개가 있어 자력으로 날아오를 수 있는 새와 나비 종류는 오른쪽 문을 통해 3층으로 곧장 들어오게 되어 있고, 발판이나 통로가 필요 없이 각자 허공으로 진입하기 때문에 통제하기가 곤란한 것이 문제이다. 그러나 관리할 인력의 진출입을 위해서 계단은 만들어 두었었다.

힘들 것 같았던 동물 탑승작전의 절차적 어려움은 의외로 간단하게 해결되었다. 탑승시켜야 할 2만 여 종에 달하는 전체 동물을 종별로 전 지표면에서 수색하여 데리고 온다든지 허용된 개체 숫자를 확인하거나 건강 이상 여부까지 사람이 조사하기란 사실상 불가능했다. 아마 몇 년이 걸려도 불가능했을 일이지만 창조주께서 먼저 구원할 자를 은혜로 선택하신 후 저들에게 신호를 주시고 내비게이션 정보까지 달아주셨기 때문에 저들은 정해진 시간에 맞추어 이마에 램프를 반짝이며 방주로 찾아왔다. 문 앞을 지키는 아들들은 단지 저들이 장착하고 있는 램프만 확인하고 들여보내면 되었다.

그 사이에 빗줄기는 더 굵어져서 방주의 코앞에까지 장대비가 쏟아지고 있었다. 예약된 동물의 탑승이 끝나자 다시 예상치 못한 큰 소란이 발생했다.

승선 명단에서 탈락한 수만, 수십 만의 동물들이 산자락에서부터 밀고 올라오는 동물들에 떼밀려 방주에 닿을 듯 접근하고 있었다. 저 멀리서 공룡의 무리가 괴성과 함께 앞에 있는 동물들을 짓밟으며 뛰어오는 모습도 보였다. 공룡은 이번 하나님의 "육상동물 개체 특성 보존계획"에서 유일하게 제외된 동물이었다. 그들은 몸집이 커서 너무 많은 식량을 먹어 치우기 때문에 창조 질서를 교란한 동물이었고 방주에 들어갈 공간 마련도 어려웠다.

방주 앞 높은 작업단 위에서 동물 승선 작전을 지휘하고 있던 노아의 머리 위에도 비가 떨어지기 시작했다. 흠칫 놀라서 하늘을 쳐다보는 노아에게 하나님은 배에 들어가도록 명령하셨고 노아와 아들들이 배에 오르자, 호렘산 산정에서 내리비치던 불빛은 꺼졌고 쾅, 쾅, 쾅! 소리와 함께 세 개의 문을 모두 하나님이 손수 달아주셨다.

40일간 하늘에서 연속으로 쏟아지는 소나기와 땅에서 용출하는 지하수로 인해 온 땅이 높은 산까지 모두 물에 잠기자, 노아네 식구 여덟 명을 태운 방주는 물 위에 떠올라서 수위가 감해질 때까지 300일을 유유히 떠다녔고, 땅 위에 코로 호흡하는 모든 사람과 공중을 나는 새들을 포함한 모든 동물은 땅이 갈라지고 산이 뒤집히는 지진파와 회오리 물결 속에 휩싸여서 단번에 뜨거운 땅속에 깊이 묻힘으로써 오염된 땅의 청소가 완료되고, 저들은 먼 후일의 신생 인류가 사용할 탄화수소 열원으로 저장되는 운명을 맞았다.

《므두셀라의 생애, 홍수심판 연보》

사건	에녹	므두셀라	라멕	노아	셈
에녹 출생 …	에녹				
므두셀라 출생 …	65세 …	므두셀라			
라멕 출생 …	252세 …	187세 …	라멕		
에녹 승천 …	365세 …	300세 …	113세		
노아 출생 …		369세 …	182세 …	노아	
방주 착공		849세 …	662세	480세	
셈 출생 …		869세	682세	500세	셈
라멕 사망		964세	777세	595세	95세
방주 완성 (므두셀라 사망)-홍수시작		969세 ……………		600세	100세

2018년 8월,

글: 申若梅/그림: 김윤길

3월

- 말씀 읽기: 〈여호수아 - 사무엘 (하)〉

- 요절: 여호와께서 네가 행한 일에 보답하시기를 원하며 이스라엘의 하나님 여호와께서 그의 날개 아래에 보호를 받으러온 네게 온전한 상 주시기를 원하노라. (룻2:12)

- 농사 절기: 경칩驚蟄, 춘분春分

- 행사: 3월 1일-삼일절
  선린절善鄰節…국민 회개일
  이웃, 옆집 주민과
  교유交遊하기
  새터민(탈북민, 귀화 외국인)
  격려하기

〈 명심보감 교훈 〉

사람이 배우지 않음은
아무 재주 없이 하늘에 오르려는 것과 같고,
배워서 멀리 알면
좋은 구름을 헤치고 푸른 하늘을 보는 것과 같으며,
높은 산에 올라서 사방의 바다를 바라보는 것과 같다.

莊子曰,
人之不學은
如登天而無術하고,
學而智遠이면
如披祥雲而觀靑天하고,
登高山而望四海니라.

돌담에 속삭이는 햇발

김영랑

돌담에 속삭이는 햇발같이
풀 아래 웃음 짓는 샘물같이
내 마음 고요히 고운 봄 길 위에
오늘 하루 하늘을 우러르고 싶다

새악시 볼에 떠오는 부끄럼같이
시의 가슴을 살포시 젖는 물결같이
보드레한 에머랄드 얇게 흐르는
실비단 하늘을 바라보고 싶다

* 김영랑: 시인 (본명 윤식, 전남 강진 1903-1950).

꽃샘추위

박경자

언 땅을 뚫고 방아 잎이
발갛게 언 손을 밀어 올립니다.

낙엽이 수북이 덮여 있는 아래 버덩에는
방아 잎이 올라올 기미가 전혀 보이지 않습니다.

따스한 봄 햇살을 받고 얼른 싹을 틔우라고
낙엽을 모두 걷어 주었습니다.

해질녘엔 꽃샘추위가 기승을 부리더니
때 아닌 칼바람까지 몰아칩니다.

어쩌나! 이불 삼아 덮고 있던 낙엽인데
그런 줄도 모르고 모두 걷어 버렸나 봅니다.

밤새 방아밭이 걱정되어
밤잠을 설쳤습니다.

늦은 아침 일어나보니 3월의 춘설이
선물인 듯 포근하게 방아밭을 덮어주고 있었습니다.

* 박경자: 시인, 요양사업 경영(전주, 1954~)

천국, 우리의 영원한 본향

너희는 마음에 근심하지 말라. 하나님을 믿으니 또 나를 믿
으라. 내 아버지 집에 거할 곳이 많도다. 그렇지 않으면 너희
에게 일렀으리라. 내가 너희를 위하여 거처를 예비하러 가노
니 가서 너희를 위하여 거처를 예비하면 내가 다시 와서 너
희를 내게로 영접하여 나 있는 곳에 너희도 있게 하리라.
(요14:1-3)

(아브라함과 그 후손들은) 그들이 나온 바 본향을 생각하였
더라면 돌아갈 기회가 있었으려니와 그들이 이제는 더 나은
본향을 사모하니 곧 하늘에 있는 것이라. 이러므로 하나님이
그들의 하나님이라 일컬음 받으심을 부끄러워하지 아니하시
고 그들을 위하여 한 성을 예비하셨느니라. (히11:15-16)

그러나 사데(교회)에 그 옷을 더럽히지 아니한 자 몇 명이
네게 있어 흰 옷을 입고 나와 함께 다니리니 그들은 합당한
자인 연고라. 이기는 자는 이와 같이 흰 옷을 입을 것이요 내
가 그 이름을 생명책에서 결코 지우지 아니하고 그 이름을
내 아버지 앞과 그의 천사들 앞에서 시인하리라. (계3:4-5)

또 내가 새 하늘과 새 땅을 보니 처음 하늘과 처음 땅이 없
어졌고 바다도 다시 있지 않더라. 또 내가 보매 거룩한 성 새

예루살렘이 하나님께로부터 하늘에서 내려오니 그 준비한 것이 신부가 남편을 위하여 단장한 것 같더라. 내가 들으니 보좌에서 큰 음성이 나서 이르되 보라 하나님의 장막이 사람들과 함께 있으매 하나님이 그들과 함께 계시리니 그들은 하나님의 백성이 되고 하나님은 친히 그들과 함께 계셔서 모든 눈물을 그 눈에서 닦아 주시니 다시는 사망이 없고 애통하는 것이나 곡하는 것이나 아픈 것이 다시 있지 아니하리니 처음 것들이 다 지나갔음이러라. (계21:1-4)

또 그가 수정 같이 맑은 생명수의 강을 내게 보이니 하나님과 및 어린 양의 보좌로부터 나와서 길 가운데로 흐르더라. 강 좌우에 생명나무가 있어 열두 가지 열매를 맺되 달마다 그 열매를 맺고 그 나무 잎사귀들은 만국을 치료하기 위하여 있더라. (계22:1-2)

우리 모든 수고 끝나
(236장) - 4절(우가내아)

1. 우리 모든 수고 끝나 세상 장막 벗고서
   모든 근심 걱정 사라진 후에
   주를 뵙고 성도 함께 면류관을 쓰리라 새 예루살렘에서

(후렴)
   성도들이 함께 올 때 기뻐 노래하리라
   새 예루살렘 새 예루살렘
   호산나를 높이 불러 왕의 왕을 맞으리 새 예루살렘에서

2. 가는 길이 외로워도 주님 나를 붙드니
   시험 환난 근심 걱정 없으며
   주를 믿고 따라가면 그의 뜻을 알리라 새 예루살렘에서

3. 내가 세상 작별하고 모든 눈물 거둔 후
   주의 영광 찬란하게 비칠 때
   나를 구속하신 주를 기쁨으로 뵈오리 새 예루살렘에서

4. 아름다운 그곳에서 구속받은 성도와
   사랑하는 주님 만나 뵈올 때
   주의 영광 노래하며 영원토록 살리라 새 예루살렘에서

내가 예수 믿고서
(421장) - 3절(내주내)

1. 내가 예수 믿고서 죄 사함 받아 나의 모든 것 다 변했네
   지금 내가 가는 길 천국 길이요 주의 피로 내 죄가 씻겼네

(후렴)
   나의 모든 것 변하고 그 피로 구속 받았네
   하나님은 나의 구원 되시오니 내게 정죄함 없겠네

2. 주님 밝은 빛 되사 어둠 헤치니 나의 모든 것 다 변했네
   지금 내가 주 앞에 온전케 됨은 주의 공로를 의지함일세

3. 내게 성령 임하고 그 크신 사랑 나의 맘에 가득 채우며
   모든 공포 내게서 물리치시니 내 맘 항상 주 안에 있겠네

[기독교 교리 요체]

영생의 길 안내
─ 우리가 알아야 할 것, 믿어야 할 것, 행해야 할 것 ─

❑ 하나님의 창조
① 태초에 하나님이 천지를 창조하심 (창1:1)

② 하나님의 형상대로 사람을 지으심 (창1:27)

③ 하나님의 아들 예수를 믿는 자에게 영생을 주심
　(창3:22 딛1:2 요3:16)

❑ 인간의 죄
① 사람은 모두가 하나님의 법을 어기고 자기 욕심에 이끌
려 살려다 죄인이 되었음 (창3:6 롬5:12)

② 하나님의 살아계심과 하나님이 보내신 예수님을 믿지
않는 것이 죄의 근원임 (시10:4 14:1 요3:18)

③ 믿음을 벗어나서 행하는 것, 선을 알고도 행하지 않는 것
불법 행위, 불의한 행위 (롬14:23 약4:17 요일3:4 5:17)

❑ 심판과 형벌, 구원
① 사람은 누구나 자기 죄 값으로 육신이 죽은 후에는 반드
시 심판을 받게 되어 있음 (히9:27)

② 하나님 대하기 두려워하는 자, 하나님 말씀 믿지 않는 자,

살인자, 행음자, 술객, 우상 숭배자, 거짓말 하는 자들은 모두
심판 후 둘째 사망, 곧 유황불 타는 못에 던져짐 (계21:8)
③ 죄를 지은 사람은 자기 공로와 행위(수양, 지식, 선행)로는 결단
코 구원을 얻지 못하나, 하나님의 풍성한 은혜로 인해 예수를 믿
고 그의 피로 속죄함 받아 구원과 영생을 얻게 됨 (엡1:7 2:8,9)

☐ 무엇을 지키고 믿고 구해야 할까?

1. 십계명(지켜야 할 것)

제1계명: 나 외에 다른 신을 섬기지 말라.

제2계명: 너를 위하여 우상을 만들어 절하며 섬기지 말라.

제3계명: 하나님 여호와의 이름을 망령되게 부르지 말라.

제4계명: 안식일을 기억하여 거룩하게 지키라.

제5계명: 네 부모를 공경하라. 잘 되고 장수하리라.

제6계명: 살인하지 말라.

제7계명: 간음하지 말라.

제8계명: 도적질하지 말라.

제9계명: 네 이웃을 해하려고 거짓 증거하지 말라.

제10계명: 네 이웃의 것은 무엇이든지 탐내지 말라.

2. 사도신경(믿어야 할 것)

나는 전능하신 아버지 하나님, 천지의 창조주를 믿습니다.

나는 그의 유일하신 아들, 우리 주 예수 그리스도를 믿습니다. 그
는 성령으로 잉태되어 동정녀 마리아에게서 나시고, 본디오 빌라
도에게 고난을 받아 십자가에 못 박혀 죽으시고, 장사된 지 사흘 만

에 죽은 자 가운데서 다시 살아나셨으며, 하늘에 오르시어 전능하신 아버지 하나님 우편에 앉아 계시다가, 거기로부터 살아있는 자와 죽은 자를 심판하러 오십니다. 나는 성령을 믿으며, 거룩한 공교회와 성도의 교제와 죄를 용서받는 것과 몸의 부활과 영생을 믿습니다. 아멘.

3. 주기도문(구해야 할 것의 표본)

하늘에 계신 우리 아버지, 아버지의 이름을 거룩하게 하시며, 아버지의 나라가 오게 하시며, 아버지의 뜻이 하늘에서와 같이 땅에서도 이루어지게 하소서. 오늘 우리에게 일용할 양식을 주시고, 우리가 우리에게 잘못한 사람을 용서하여 준 것같이, 우리 죄를 용서하여 주시고, 우리를 시험에 빠지지 않게 하시고, 악에서 구하소서. 나라와 권능과 영광이 영원히 아버지의 것입니다. 아멘.

☐ 성부 하나님

1. 하나님의 존재 증명
① 만물이 증거- 우주만물의 움직임과 생명체의 조직이 정밀한 시계처럼 질서와 목적에 따라 작동되는 것을 볼 때, 그 창조하신 분을 인식 (시19:1 롬1:20)
② 양심이 증거- 선과 악을 분별해 주는 양심의 소리를 스스로 들을 때 (벧전3:21)
③ 사실이 증거- 많은 선지자들이 하나님의 음성과 모습을 듣고 봄 (창3:8 22:12 32:30 출24:16 삿13:8 사6:1)
④ 성경이 증거 (창1:1 출3:14 사40:26 막13:19)

⑤ 예수님이 증거 (요12:44 14:6-11)

⑥ 사도들의 체험이 증거 (고후12:1 요일11 계1:1)

2. 하나님의 속성

① 영원 자존성 (출3:14 신6:4 고전8:6 요17:3)

② 영원 불변성 (단6:26 히1:10 6:17 약1:17)

③ 영원 무한성 (욥11:7 37:23 시102:12)

④ 무소부재성無所不在性 (시139:7-10)

⑤ 전지전능성全知全能性 (대상28:9 사9:6)

⑥ 지혜와 계략과 명철이 무한 (단2:20 욥12:13)

⑦ 사랑과 긍휼이 무한 (요일4:16 시103:8 145:9 렘3:12)

⑧ 거룩하심과 공의와 진실하심의 그 본체
   (겔39:7 롬1:18 신32:4)

3. 하나님의 섭리

① 창조물을 보전 관리하심 (느9:6)

② 인간의 쓸 것을 채워주심 (빌4:19)

③ 인생에게 구원을 베푸심 (시74:12)

④ 만유를 자연법칙을 통해 통치, 보호, 채워주심

⑤ 자연법칙을 초월하여 이적과 기사로 응답하심

⑥ 인간구원을 위해 회개하는 자의 죄를 사해주심

□ 성자 예수 그리스도

① 하나님이 인생을 극진히 사랑하셔서 죄를 용서하시기 위해 예

수 그리스도를 이 땅에 보내어 그를 믿음으로 인해 영생 얻는 길을 열어 놓으셨다. (요3:16)

② 예수 그리스도는 천국을 가려는 자의 길이요 진리요 생명이 되시며, 영생의 길은 오직 한 길, 예수님을 영접하고 믿는 일뿐임을 가르쳐 주셨다. (요14:6)

③ 그 증거로 하나님과 사람 사이의 중보자로서 예수 그리스도는 우리 죄를 대신하여 십자가에 못 박혀 죽으심으로 우리가 하나님 앞으로 나아 갈 수 있는 사다리를 놓아 주셨고, 영생이 있음을 보여 주시기 위해 죽은 후 3일 만에 다시 살아나셔서 영생을 확증해 주셨다. (딤전2:5 벧전3:18 고전15:3)

☐ 성령님

1. 성령은 누구신가
① 영원하신 하나님의 영 (히9:14)
② 무소부재하신 주의 신 (시139:7,8)
③ 무소불능하신 하나님의 신 (눅1:35-37)
④ 무소부지하신 하나님의 영 (고전2:10)
⑤ 천지창조 때 물위에 운행하신 하나님의 신 (창1:2)
⑥ 예수님을 알게 하는 진리의 영 (요14:16-17)

2. 성령의 명칭

가. 성령의 본명
① 하나님의 영 (마10:20 사11:2 고전3:16 엡4:30)

② 예수 그리스도의 영 (롬8:9 갈4:6 빌1:19)

③ 보혜사(우리를 보호 은혜주시는 영) (요14:26)

나. 성령의 별명

① 진리의 영 (요14:17)　　② 생명의 영 (롬8:2)

③ 은혜의 영 (히10:29)　　④ 성결의 영 (롬1:4)

⑤ 소멸의 영 (사4:4)　　　⑥ 대언의 영 (계19:10)

⑦ 영광의 영 (벧전4:14)　　⑧ 계시의 영 (엡1:17)

⑨ 총명의 영 (사11:2)　　　⑩ 재능의 영 (사11:2)

다. 성령의 별칭

① 비둘기 같음(정하고 순함)　② 물 같음(성결케 함)

③ 바람 같음(능력을 줌)　　④ 불 같음(사르고 연단시킴)

⑤ 기름 같음(연료와 권위)　⑥ 비 같음(생명보존)

⑦ 술 같음(근심 제거 담력)　⑧ 도장 같음(약속과 보증)

3. 성령의 성품

① 선하심 (느9:20 시143:10)　② 진실하심 (행28:25)

③ 능하심 (행1:8)　　　　　④ 거룩하심 (벧전1:2)

⑤ 사랑하심 (롬15:30)　　　⑥ 영원하심 (히9:14)

4. 성령의 역할

① 하나님은 우리의 연약한 것을 다 아시고 보혜사 성령으로
우리를 도와주신다. (롬8:26)

② 보혜사 성령님의 감동이 없이는 예수 그리스도를 내 생명의

구주로 시인하지 못한다. (고전12:3)

③ 지금 이 시간 성령님이 권고하실 때 마음 문을 열고 예수 그리스도를 모셔 들이기만 하면, 예수님은 우리의 심령에 들어와 우리와 함께 계시고, 우리가 예수님과 함께 살 수 있도록 인도해 주신다. (계3:20)

5. 성령 받는 방법

가. 성령 임재(강림)

① 11제자와 120명 성도들에게 임재 (행1:14 2:1)

- 마가의 다락방에 모여
- 마음을 같이하여
- 전혀 기도에 힘쓸 때 임재

② 어찌할꼬 회개하고 물세례 받을 때 임재 (행2:38)

- 너희가 회개하고
- 각각 예수의 이름으로 세례 받고
- 죄사함을 얻음으로 성령을 선물로 받음

③ 하나님 앞에 모여 예수 증거함을 들을 때 임재

- 하나님 경외하고 항상 기도하며 (행10:2-44)
- 주의 사자를 청하여 복음을 들으며
- 하나님 앞에서 말씀을 들을 때 임재

④ 예수 증거함을 듣고 믿는 자에게 안수함으로 임재

- 예수 그리스도를 믿고 (행19:1-7)
- 주 예수의 이름으로 세례를 받으며(회개)
- 사도 바울이 안수하매 성령이 임재

나. 성령 받은 증거
- 하나님을 아바 아버지라 부르게 됨 (롬8:15)
- 예수 그리스도를 내 구주로 시인케 됨 (고전12:3)
- 성령으로 부활, 심판, 지옥, 영생, 천국을 알게 됨
  (고전2:10 요3:3-5 계21:10)

6. 성령 충만(계속 보존)의 방법
① 죄를 곧 회개함 (행2:38 계3:3)
② 계속 하나님께 기도함 (눅11:13)
③ 굳건한 믿음을 소유 (엡3:16-19)
④ 성경 말씀을 계속 상고 (행10:44-45)

7. 성령 충만자의 은사
① 계시의 은사
- 지혜의 말씀
- 지식의 말씀
- 영 분별의 은사

② 발성의 은사
- 방언의 은사
- 방언 통역은사
- 예언의 은사

③ 권능의 은사
- 믿음의 은사
- 병고치는 은사
- 능력 행하는 은사

8. 성령 충만자의 열매 9가지(갈5:22)
① 사랑
② 희락
③ 화평
④ 인내
⑤ 자비
⑥ 양선
⑦ 충성
⑧ 온유
⑨ 절재

☐ 사죄의 길

1. 하나님께서 말씀하시기를, 오라 나와 의논하자, 너희 죄가 주홍 같을지라도 눈과 같이 희게, 너희 죄가 진홍 같을지라도 양털같이 희게 용서하리라. 너희가 즐겨 순종하면 땅의 아름다운 소산을 먹을 것이요, 너희가 거절하여 배반하면 칼에 삼켜지리라고 하셨음. (사1:18-20)

2. 주님께서 말씀하시기를 수고하고 무거운 짐 진 자들아 다 내게로 오라, 내가 너희를 쉬게 하리라. (마11:28)

3. 이 복된 말씀을 듣고 과거의 잘못을 하나님께 온전히 자백하면 하나님은 미쁘시고 의로우사 우리의 모든 죄를 사해주시고 불의에서 우리를 깨끗하게 하여 주신다. (요일1:9)

☐ 놀라운 축복

1. 우리는 바로 지금 이 순간 예수 그리스도를 믿음으로 구속 곧 죄사함을 얻게 된다. (골1:14)

2. 예수 그리스도를 믿는다는 것은 영접한다는 것이요, 하나님이 보내신 예수 그리스도를 영접하는 자 곧 그 이름을 믿는 자들에게는 하나님의 자녀가 되는 권세를 주신다. (요1:12)

3. 부활 승천하신 예수 그리스도는 세상 종말에 심판의 주로써 산자와 죽은 자를 심판하러 다시 오신다. 하나님의 말씀을 듣고 예수 그리스도를 영접한 자는 영생을 얻은 사람이 이미 되었고 심판에 이르지 않게 되고 사망에서 생명으로 옮겨진 사람이 된다.
(히9:28 벧전4:5 요5:24)

□ 하나님께 순종하고 예수님을 믿은 자가 받을 포상

1. 이 땅에서 받을 포상

① 하나님의 말씀을 순종하면 우리의 하는 일에, 우리의 자손들에게, 우리의 건강에 축복을 받는다고 했다. (신28:2)

② 진리 안에 살면 우리의 영혼이 잘되고, 우리의 범사가 형통하고, 우리의 육신도 강건하게 되도록 인도하여 주신다고 했음. (요삼1:2)

③ 하나님의 말씀인 성경은 우리 인생에게 영생이 있음을 알려주고, 그 영생은 예수 그리스도 안에서 얻을 수 있음을 알려준다. (요5:39 요일5:13)

2. 사후에 받을 포상

① 생명의 부활로 일어나 영구한 도성에 들어가게 된다. (고후5:1)

② 주님의 말씀에 거한 자는 새하늘과 새땅을 바라보게 된다. (벧후3:9-13)

③ 이 땅위에 살 동안 주안에서 행한 수고의 상급을 받고 영원한 안식을 누리게 된다. (계14:13)

[성도가 알아야 할 심층 교리]

□ 예배에 대하여

1. 예배의 뜻

① 성소(예배당)에서 하나님을 찬양함. (시150)

② 창조주 하나님을 신령과 진정으로 경배함. (요:4)
③ 하나님께 우리 자신을 산 제물로 드리는 것. (롬12:1)

2. 예배의 시간
① 예루살렘교회는 날마다 모여 예배드림 (행2:46)
② 초대 유대의 그리스도인들은 안식일에 예배드림 (행13:14)
③ 사도시대 말기부터 주일에 예배드리기 시작함
　(행20:7 고전16:2 계1:10)

3. 예배의 장소
① 예루살렘에서는 성전과 다락방에서 모임 (행1:13 2:46)
② 다른 곳에서는 회당에서 모임 (행15:21　행18:4)
③ 개인의 집에서도 모여서 예배드림 (골4:15　몬1:2)
④ 어느 곳에서나 신령과 진정으로 예배를 드릴 수 있음
　(요4:24)

4. 예배의 목적
① 예배자의 신앙이 성장하기 위하여 (엡4:11-15)
② 타인을 예수님 앞으로 인도하기 위하여 (고전14:23-25)
③ 하나님께 영광 돌리기 위해 (시29:2 고전10:31)

5. 예배의 태도(마음의 자세)
① 무릎을 꿇고 경배드려야 (참회와 용서) (시95:6)
② 땅에 엎드려 경배드려야 (비하와 겸손) (욥1:20)
③ 얼굴 땅에 대고 경배드려 (존경과 감사) (마26:39)

□ 기도에 대하여

1. 기도의 뜻(기도란 무엇인가?)
① 하나님과의 대화요 영교임 (시91:14 사1:18)
② 영혼의 호흡 (롬12:12 살전5:17)
③ 구하고, 찾고, 문을 두드리는 것 (마7:7 렘29:12-13)

2. 기도할 이유(왜 기도를 하는가?)
① 하나님께 영광 돌리기 위해 (요14:13)
② 하나님이 가까이 하시기 때문에 (시145:18)
③ 어려울 때 하나님의 도움을 위하여 (시50:15)
④ 무엇보다 하나님으로부터 죄사함 받기 위하여 (대하7:14)

3. 기도의 방법(어떻게 기도를 하는가?)
① 하나님께 영광을 돌려라 (시22:19-24)
② 받은 은혜 생각하며 감사하라 (시100:4 행16:25)
③ 모든 죄를 고백하며 회개 자복하라 (요일1:9 시94:9)
④ 하나님 영광을 목적으로 소원을 간구하라 (빌4:6)
⑤ 나라, 교회, 이웃형제를 위해 기도하라 (삼상7:5 12:23)
⑥ 기도는 반드시 "예수님의 이름으로 기도합니다."하고 "아멘"(진실로 그렇게 되기 바랍니다)으로 마친다 (요14:13)

4. 기도의 효과
① 사죄의 은총을 받게 된다(기쁨, 평안) (롬8:1-39)
② 하나님의 사랑 깨닫게 된다(원수 위해 기도) (마5:44)

③ 성령의 은사를 체험케 된다(오순절 역사) (행2:1-13)

④ 하나님의 능력을 얻게 된다(겟세마네 기도) (마26:36)

⑤ 병 고치는 기적을 체험케 된다(병자 고침) (약5:15)

⑥ 인간의 생명을 연장시켜 주신다(히스기야의 기도)

(사38:1-8)

5. 기도의 자세

① 얼굴을 땅에 대고 엎드려 기도함 (마26:39)

② 하나님 아버지께 무릎을 꿇고 기도함 (엡3:14 행9:40)

③ 분노와 다툼 없이 손들고 기도함 (딤전2:8 출17:11)

④ 가슴을 두드리면서 기도함(통회 자복) (눅18:13)

⑤ 일어서서 기도함(경건 표시) (막11:25)

6. 잘못된 기도

① 원수 맺은 것을 풀지 않고 기도함 (마5:23 18:18)

② 남을 용서하지 않고 기도함 (마6:15 막18:18)

③ 자기 죄와 허물을 회개치 않고 기도함 (눅19:8)

④ 교만하여 남을 시기하고 비판하며 기도함

(엡4:30 갈5:13)

⑤ 하나님의 뜻을 거역하는 기도를 함 (사59:1-3)

⑥ 정욕으로 쓰려고 기도를 함 (약4:3)

⑦ 믿음이 없이 기도를 함 (히11:6)

⑧ 의심하면서 기도를 함 (약1:6)

⑨ 감사하지 않고 기도를 함 (눅17:11)

⑩ 부부간에 서로 귀하게 여기지 않으며 기도함 (벧전3:7)

□ 찬송에 대하여

1. 찬송의 뜻
① 하나님께 감사와 헌신을 곡조로 표현한 기도 (시47:)
② 우리의 신앙고백을 노래로 간증하는 것 (시23:)
③ 우리를 구원하신 하나님의 권능과 위대하심을 큰소리로 악기를 동원하여 찬양하고 노래함 (시150:)

2. 성경 속의 찬송 역사(구약성경 중)
① 홍수 이후 노아의 찬송 (창9:26)
② 멜기세덱이 아브라함에게 승리를 주신 하나님 찬송 (창14:20)
③ 모세와 이스라엘 백성이 홍해건넌 기쁨 찬송 (출15:1-20)
 * 호흡이 있는 자마다 하나님 찬양은 의무 (시150:6)
(신약성경 중)
④ 사가랴 제사장이 성령 충만하여 찬송 (눅1:67)
⑤ 예수님께서 감람산으로 가시며 찬미 (막14:26)
⑥ 바울과 실라가 빌립보 옥중에서도 찬미 (행16:25)

3. 찬송의 효과
① 기쁨과 은혜를 체험케 함 (약5:13 즐거울 때 찬송)
② 시험을 이길 능력을 얻게 함 (마26:30 예수님과 제자들)
③ 신앙을 성장케 함 (사38:18-20 질병 극복한 히스기야)

4. 찬송의 결과
① 모든 대적을 물리쳐 주심 (사42:10-13)

② 지혜와 총명을 주심 (단2:20-23)
③ 놀라운 기적을 베풀어 주심 (행16:25-34)
④ 기쁨과 평강을 충만케 하여 주심 (롬15:11-13)
⑤ 하나님이 기뻐하심 (히13:15-16)

☐ 헌금에 대하여

1. 헌금의 뜻
① 헌금은 보물을 하늘에 쌓는 것 (마6:20)
② 헌금은 하나님의 것을 하나님께 드림 (마22:21)
③ 헌금은 하나님께 받은 은혜 감사표시 (신16:15-17)
④ 하나님을 기쁘시게 하는 신앙척도 (고후9:7)
⑤ 주님의 사업에 참여함이다 (고후8:4)
⑥ 자신을 주님께 드리는 표시 (고후9:5)

2. 헌금의 정신
① 헌금은 믿음의 표시
② 헌금은 감사의 표시
③ 헌금은 헌신의 표시

3. 헌금해야 할 이유
① 하나님의 명령이기 때문에 (레27:30 사66:20)
② 예수님의 명령이기 때문에 (마23:23)
③ 성령께서 권장하셨기 때문에 (행2:44)
④ 교회가 필요로 하기 때문에 (행4:32)

⑤ 그리스도인의 본분이기 때문(사도들을 돌봄) (눅8:3)

⑥ 재물 얻을 능력을 주셨기 때문 (신8:18)

4. 헌금의 표준

① 헌금의 표준은 온전한 십일조 (창14:20 사66:20)

② 모든 소산의 첫 새끼, 첫 열매 (레27:26)

③ 헌금의 표준은 힘대로 정성껏 하는 것 (마23:23)

5. 헌금의 방법 — 소득을 얻는데서 미리 정성껏 준비 (고후9:5)

① 많이 심는 자가 많이 거두게 됨 (고후9:6)

② 인색한 마음으로나 억지로 하지 말 것 (고후9:7)

③ 감사함으로 즐겨 드릴 것 (고후9:8 스1:4)

④ 빈손을 하나님께 보이지 말 것 (출23:15 34:20)

6. 헌금의 사용방법

① 복음 전파하는 데 사용 (빌4:15-19)

② 성도들 신앙성장 교육비로 사용 (갈6:6)

③ 빈민을 구제하는데 사용 (잠11:25 마25:40)

④ 교역자 생활비로 사용 (민18:21-24 고전9:7-14)

⑤ 교회당 운영비, 건축비, 선교비로 사용

7. 헌금과 축복

① 하나님께 바치는 자 범사에 복을 받음 (신14:28)

② 하늘 문을 열고 창고 넘치도록 채워주심 (말3:10)

③ 하나님이 다 갚아주심 (잠19:17)

④ 하나님께 바치는 자 하나님이 사랑하심 (고후9:7)

⑤ 후히 되어 누르고 흔들어 넘치도록 안겨주심 (눅6:38)

❑ 성경에 대하여

1. 성경의 뜻

① 성경은 하나님의 말씀을 기록한 책 (요10:35)

② 성경은 그리스도를 통한 영생을 알리는 책 (요5:39)

③ 성경은 성령감동으로 기록한 인생 구원의 책
(딤후3:16 벧후1:21)

2. 성경의 유래

① 기록년대: 구약 1,500년 + 신약 100년, 도합 1,600년간

② 기록자: 농부, 목자, 음악가, 세리, 어부, 의사, 왕, 선지자,
사도

③ 기록인원: 구약 28명, 신약 8명

3. 성경을 주신 근본 목적

① 영혼의 양식으로서 인생을 바르게 살도록 하기 위해
(딤후3:17)

② 모든 사람이 죄인인 것을 깨닫게 하기 위해 (갈3:22)

③ 예수 그리스도를 믿음으로 생명을 얻게 하기 위해
(요20:31)

④ 하나님의 아들 예수 그리스도를 믿는 자들에게 영생이 있음
을 알게 하기 위해 (요일5:13)

4. 성경대로 사는 자의 받을 축복

① 어디를 가든지 형통하게 되고 길이 평탄함 (수1:8)

② 큰 평안을 얻게 되고 장애물을 제거하여 주심
   (시119:165)

③ 시냇가에 심은 나무처럼 강건하고 열매를 맺음 (시1:2-3)

④ 반석 위에 세운 집처럼 인생을 실패하지 않음 (마7:24)

⑤ 반드시 많은 상급과 축복을 받게 됨 (시19:7-11 계1:3)

⑥ 주님 재림 때 새 하늘과 새 땅에 들어갈 축복을 받음
   (계21:6-7 22:7)

⑦ 주님이 세상 끝날 때까지 항상 함께 해주심 (마28:19)

☐ 교회에 대하여

1. 교회의 뜻

① 하나님께 예배드리기 위해 모이는 곳 (행24:11)

② 예수님을 구주로 믿는 사람의 모인 단체 (행2:44)

③ 하나님의 택함을 입은 자들의 모인 곳 (행16:13)

④ 예수의 피로 값 주고 사신 자들의 모인 곳 (행20:28)

⑤ 만민의 기도하는 집 (막11:17 사56:7)

2. 교회의 시작

① 예수님을 구주로 신앙 고백하는 자들의 모임으로 시작
   (마16:16-18)

② 주님의 이름으로 모여 기도하므로 시작 (행1:13-14)

③ 하나님의 성령이 강림하심으로 시작 (행2:1-4)

3. 교회의 임무(사명)
  ① 하나님의 말씀 선포의 임무 (마28:19-20 행1:7-8)
  ② 진리를 가르치고 전파할 임무 (마9:35 딤전4:13)
  ③ 성례전 집행(세례, 성찬) (롬6:3 마26:26 고전11:23)
  ④ 임직, 봉헌, 기념 예식

4. 교회의 목적
  ① 하나님께 예배드리기 위한 것 (롬12:1-3)
  ② 성도들이 서로 교제하기 위한 것 (행2:42)
  ③ 이웃에게 봉사하기 위한 것 (벧전4:10)

5. 교회생활의 축복
  ① 끝까지 견디는 자 구원 얻음 (마24:13)
  ② 죽도록 충성하는 자 생명의 면류관 얻음 (계2:10)
  ③ 생명책에 이름 기록된 자 천국에 들어감 (계20:12-15)
  ④ 영혼이 잘되고 범사가 형통, 육신이 강건해짐 (요삼1:2)

□ 세상 종말에 대하여

가. 개인의 종말 (인생의 사망)

1. 사망의 뜻
  ① 몸과 영혼이 분리되는 것 (마10:28)
  ② 몸은 흙, 영혼은 하나님께 돌아가는 것 (전12:7)
  ③ 영혼이 떠나버린 몸 (약2:26)

2. 사망의 이유 (왜 죽느냐?)

① 사망은 죄로 말미암아 (롬5:12)

② 아담의 불순종으로 모든 인류가 죄인이 되었기 때문 (롬5:19)

③ 사망은 죄의 삯 (롬6:23)

3. 사망의 종류

① 영적인 죽음(죄와 허물로 죽었던 너희) (엡2:1)

② 육적인 죽음(죄지은 육체 흙으로 돌아감) (창3:19)

③ 영원한 사망(둘째 사망-지옥형벌) (계21:8) (하나님으로부터 영원한 분리)

4. 사망의 결과

① 사망 직후 예수 믿은 자는 낙원(예비 천국)에 들어감 (눅16:22 23:43)

② 예수 믿지 않은 자는 음부(예비 지옥)에 감 (눅16:23)

③ 죽은 직후 몸은 다 잠자는 상태(흙이 됨) (살전4:13)

④ 영혼은 의식적 상태임 (고후5:8 눅16:23)

⑤ 예수 재림 때 모두 영육 합하여 부활하고 심판받음 (요5:29 히9:27)

⑥ 낙원에 있던 자는 생명의 부활로 일어나 영생 천국으로 (요5:29 6:39)

⑦ 음부에 있던 자는 심판의 부활로 일어나 지옥으로 (요5:29 마10:28)

5. 사망 후 중간 상태 (부활 때까지)

가) 신자들
① 주님 섬기는 즐거움 계속 (롬8:33-39)
② 부활을 기다리는 즐거움 계속 (롬8:18-25)
③ 상급을 기다리는 즐거움 계속 (딤후4:8)

나) 불신자들
① 괴로움과 고민 계속 (눅16:24)
② 천국을 보면서 가지 못하는 안타까움 계속 (눅16:26)
③ 무서운 형벌을 기다리는 공포와 고통 계속 (눅16:26)

6. 사망의 준비
① 주 예수 안에서 죽은 자는 복 (계14:13)
② 성령을 위하여 심어야 영생을 거둠 (갈6:8)
③ 죽도록 충성하면 생명의 면류관 얻음 (계2:10)
④ 사명 잘 수행한 자 영광의 면류관 얻음 (벧전5:1-4)
⑤ 주의 재림 사모하는 자 의의 면류관 얻음 (딤후4:8)
⑥ 주의 약속 믿고 의에 거하는 자 새 하늘 새 땅 바라봄
　(벧후3:13)
⑦ 전도 많이 하여 내 이름 생명책에 기록해야 (눅10:17-20)

나. 우주의 종말 (세상 끝날)

1. 우주 종말의 뜻

① 창조의 때가 있으면 끝날 때가 있음 (전3:1-11)

② 예수님이 재림하시는 때가 종말 (계1:7)

③ 천국 복음이 온 세상에 전파된 후 (마24:14)

④ 하나님이 말씀하신 모든 것 다 이루시는 날 (사46:8-11)

⑤ 그때는 아무도 모르고 오직 하나님이 정하심 (마24:36)

2. 우주 종말의 과정

① 공중휴거空中携擧 (살전4:13-17)

② 천년왕국과 첫째 부활 (계20:4-6)

③ 최후 심판과 둘째 부활 (계20:12-15)

④ 새 하늘과 새 땅, 유황불 못과 지옥 (계21:1-8)

다. 예수님의 재림

1. 재림의 뜻

: 예수께서 천국 예비 후 다시 오심 (요14:1-3)

2. 재림의 이유

① 하나님의 공의와 예정이기 때문 (전3:17 마24:36)

② 믿는 자에게 반드시 영생 주시기 위해 (딤전6:11-15)

③ 불신자에게 확실한 증거를 보이고 예언을 이루기 위해
(계10:7)

3. 재림의 증거

① 하나님의 말씀인 성경이 분명히 증거 (계1:7 요14:3)

② 신실하신 예수님께서 친히 증거 (마24:30)

③ 하늘의 천사들이 친히 증거 (행1:9-11)

④ 사도들이 성령의 감동으로 증거 (살전4:13-18)

4. 재림의 징조

① 재난의 시작을 보아서(전쟁과 지진) (마24:7)

② 반기독교 운동을 보아서 (마24:9)

③ 거짓 선지자의 성행을 보아서 (마24:11)

④ 불법 성행과 사랑이 식어져 감을 보아서 (마24:12)

⑤ 온 세계에 복음 전파됨을 보아서 (마24:14)

⑥ 무화과나무의 징조를 보아서(유대국 번영) (마24:32)

⑦ 성도덕이 문란 타락함을 보아서(본능 남용) (눅17:27)

5. 재림의 목적

① 산 자와 죽은 자를 심판하러 오심 (행17:31 마9:13)

② 알곡과 죽정이를 가르기 위해 (마3:12)

③ 기름 준비한 신부를 영접하기 위해 (마25:6)

④ 양과 염소를 구분하기 위해 (마25:32-33)

라. 최후의 심판

1. 심판의 뜻

① 선한 자와 악한 자를 갈라놓는 것 (전12:14 요5:29)

② 선한 자에게 상급, 악한 자에게 형벌하심 (사40:10)

③ 예수 믿는 자 천국, 불신자 지옥으로 (마25:31-46)

2. 심판의 기준과 조건

① 이 땅에서 심은 그 행위대로 심판 (갈6:7-8 계2:21-23)

② 행위록과 생명책에 기록된 대로 심판 (계20:12)

③ 율법의 증거인 양심대로 심판 (렘17:9-11 롬2:13)

④ 모든 강팍한 말과 경건치 않은 일로 심판

(유1:15 마12:36)

3. 심판의 주인

① 하나님께서 예수님께 심판 권세 맡기심 (요5:22)

② 하나님 앞과 예수님 앞에서 심판받음 (딤후4:1)

③ 우리는 다 예수님의 심판대 앞에 섬 (고후5:10)

4. 심판의 결과

① 의인은 상급의 보수, 악인은 영벌의 재앙 따름

(사3:10-11)

② 악인은 둘째 사망(지옥) 유황불 못에 떨어짐 (계21:8)

③ 악인은 영원히 쉬지 못하는 형벌을 받음 (막9:43-49)

☐ 천국

1. 천국의 뜻

① 성부, 성자, 성령님이 계신 곳

(시11:4 히9:24 12:22-24 벧전1:12)

② 천사들도 하늘에 있다 (마22:30)

③ 하나님과 예수 믿는 자가 장차 거하는 곳 (요14:1-2)

2. 천국의 성격(새 하늘과 새 땅)

① 천국은 깨끗한 곳(거룩하고 죄 없는 곳) (요일3:3)

② 죽음과 아픔과 슬픔이 없는 곳 (계21:4)

③ 생명수 샘과 강이 흘러 목마름 없는 곳 (계21:6)

④ 생명나무에 12열매가 달마다 맺히는 곳 (계22:2)

⑤ 해와 달이 쓸데없고 밤이 없는 빛의 세계 (계21:23-25)

⑥ 천국은 저주가 없는 곳 (계22:3)

⑦ 성곽에는 12문과 각 문에 12천사가 있음 (계21:12-141)

⑧ 성곽은 벽옥, 성은 정금, 12문은 진주더라 (계21:18-21)

3. 천국에 들어갈 자

① 하나님의 뜻대로 산 자 (마7:21)

② 물과 성령으로 거듭난 자 (요3:5)

③ 성령을 위해 심은 자 (갈6:8)

④ 주의 약속을 믿고 의에 거한 자 (벧후3:13)

⑤ 주 예수를 믿고 주안에서 죽은 자 (계14:13 요3:16)

⑥ 어린양의 피에 그 옷을 씻어 희게 한 자 (계7:14)

⑦ 오직 어린양의 생명책에 그 이름이 기록된 자 (계21:27)

☐ 지옥

1. 지옥의 뜻

① 악인을 위해 예비된 영원한 유황불이 타는 못(마25:41 계21:8)

② 악인들이 영원히 벌을 받는 곳 (마25:41,46)

③ 악인이 마지막 가는 곳 (마10:28 눅12:5)

④ 마귀와 거짓 선지자들이 밤낮 괴로움 받는 곳 (계20:10)

2. 지옥의 성격

① 무저갱에 있던 악령들과 음부에 있던 자들이 부활 후 심판 받고 가는 곳 (계20:10, 13-14)
② 음부는 불신자와 악인의 영들이 부활 시까지 가서 있는 곳 (눅16:22-23)
③ 무저갱은 사탄과 귀신들이 대 심판 기다리는 곳 (계20:1-3)
④ 지옥은 삼키는 불이 있는 영원한 불 못 (사33:14 계20:15)
⑤ 영원한 형벌을 받는 곳 (마25:41)
⑥ 불로서 소금 치듯 하는 곳 (막9:49)

3. 지옥에 갈 자

① 성직에 참여했던 자라도 더럽힌 자 (행1:25)
② 헌금을 많이 했어도 성령을 속이는 자 (행5:1-6)
③ 주의 이름으로 선지자 노릇 했어도 불법자 (마7:22)
④ 주의 이름으로 권능을 행했어도 불법자 (마7:22)
⑤ 형제를 대하여 미련한 놈이라 욕한 자 (마5:22)
⑥ 선지자의 피를 흘리는 자 (마23:30-33)
⑦ 하나님을 두려워하는 자 예수 믿지 않는 자 (계21:8)
⑧ 흉악한 자들, 살인자들, 행음자들, 술객들(점쟁이), 우상 숭배자들, 모든 거짓말 하는 자들 (계21:8)
⑨ 누구든지 생명책에 이름이 기록되지 못한 자 (계20:15)

4월

● 말씀 읽기: 〈열왕기 상 - 역대기 (하)〉

● 요절: 하나님의 궤가 오벧에돔의 집에서 그의 가족과 함께 석 달을 있으니라. 여호와께서 오벧에돔의 집과 그의 모든 소유에 복을 내리셨더라. (대상 13:14)

● 농사 절기: 청명淸明, 곡우穀雨

● 행사: 4월 둘째주-고난주간‥예수님의 고난 동참, 경건생활
　　　　(일) 부활절復活節‥국민 회개일
　　　　　　　　　　　예수님 부활을 축하하고 감사
　음 4월 8일-부처님 오신 날

〈 명심보감 교훈 〉

정치를 행하는 요체는 공정과 청백이요,
가문을 이루는 방도는 검약과 근면이다.

景行錄에 云하되,
爲政之要는 曰 公與淸이요,
成家之道는 曰 儉與勤이니라.

산유화山有花

김소월

山에는 꽃 피네
꽃이 피네
갈 봄 여름없이
꽃이 피네

山에
山에
피는 꽃은
저만치 혼자서 피어 있네

山에서 우는 작은 새요
꽃이 좋아
山에서
사노라네

山에는 꽃 지네
꽃이 지네
갈 봄 여름없이
꽃이 지네

* 김소월: 시인, (본명 김정식, 평북 구성, 1902~1934).

바위고개

이서향 작사/이흥렬 작곡

바위고개 언덕을 혼자 넘자니
옛 님이 그리워 눈물 납니다
고개 위에 숨어서 기다리던 님
그리워 그리워 눈물 납니다

바위고개 피인 꽃 진달래꽃은
우리 님이 즐겨즐겨 꺾어 주던 꽃
님은 가고 없어도 잘도 피었네
님은 가고 없어도 잘도 피었네

바위고개 언덕을 혼자 넘자니
옛 님이 그리워 하도 그리워
십여년간 머슴살이 하도 서러워
진달래꽃 안고서 눈물 집니다

* 이서향과 이흥렬은 동향 선후배 사이이며, 일제 강점기인 1932년 이 노래를 작곡하였다. 노랫말 중 '바위고개' 란 '삼천리 금수강산 우리 땅 어느 마을에든 존재하는 야트막한 고개'를 의미하며, '십여년간 머슴살이'는 '그 당시 일제 식민지배 아래 살던 우리나라 모든 백성의 애환'을 의미한다.
* 이서향: 작사가(원산, 1915~1948, 월북).
* 이흥렬: 작곡가(원산, 1909~1980).

나는 누구인가, Know Yourself!

(다윗의 시) 여호와여 나의 종말과 연한이 언제까지인지 알게 하사 내가 나의 연약함을 알게 하소서. 주께서 나의 날을 한 뼘 길이만큼 되게 하시매 나의 일생이 주 앞에는 없는 것 같사오니 사람은 그가 든든히 서 있는 때에도 진실로 모두가 허사뿐이나이다. 진실로 각 사람은 그림자 같이 다니고 헛된 일로 소란하며 재물을 쌓으나 누가 거둘는지 알지 못하나이다. 주여 이제 내가 무엇을 바라리요 나의 소망은 주께 있나이다. (시39:4~7)

말하는 자의 소리여, 이르되 외치라. 대답하되 내가 무엇이라 외치리이까 하니 이르되 모든 육체는 풀이요 그의 모든 아름다움은 들의 꽃과 같으니 풀은 마르고 꽃이 시듦은 여호와의 기운이 그 위에 붊이라. 이 백성은 실로 풀이로다. 풀은 마르고 꽃은 시드나 우리 하나님의 말씀은 영원히 서리라 하라. (사40:6~8)

버러지 같은 너 야곱아 너희 이스라엘 사람들아 두려워하지 말라. 나 여호와가 말하노니 내가 너를 도울 것이라. 네 구속자는 이스라엘의 거룩한 이 이니라. 보라 내가 너를 이가 날카로운 새 타작기로 삼으리니 네가 산들을 쳐서 부스러기를 만들 것이며 작은 산들을 겨 같이 만들 것이라. 네가 그들을 까부른즉 바람이 그들을 날리겠고 회오리바람이 그들을 흩어버릴 것이로되 너는 여호와로 말미암아 즐거워하겠고 이스라엘의 거룩한 이로 말미암아 자랑하리라.
(사41:14~16)

(바울의 당부) 너희는 이 세대를 본받지 말고 오직 마음을 새롭게 함으로 변화를 받아 하나님의 선하시고 기뻐하시고 온전하신 뜻이 무엇인지 분별하도록 하라. 내게 주신 은혜로 말미암아 너희 각 사람에게 말하노니 마땅히 생각할 그 이상의 생각을 품지 말고 오직 하나님께서 각 사람에게 나누어 주신 믿음의 분량대로 지혜롭게 생각하라. (롬12:2~3)

두 달란트 받았던 자도 와서 이르되 주인이여 내게 두 달란트를 주셨는데 보소서 내가 또 두 달란트를 남겼나이다. 그 주인이 이르되 잘하였도다. 착하고 충성된 종아 네가 적은 일에 충성하였으매 내가 많은 것을 네게 맡기리니 네 주인의 즐거움에 참여할지어다 하고, (마25:22~23)

샘물과 같은 보혈은
(258장) - 5절(샘저죄날이)

1. 샘물과 같은 보혈은 주님의 피로다
   보혈에 죄를 씻으면 정하게 되겠네
   정하게 되겠네 정하게 되겠네
   보혈에 죄를 씻으면 정하게 되겠네

2. 저 도적 회개하고서 보혈에 씻었네
   저 도적 같은 이 몸도 죄 씻기 원하네
   죄 씻기 원하네 죄 씻기 원하네
   저 도적 같은 이 몸도 죄 씻기 원하네

3. 죄 속함 받은 백성은 영생을 얻겠네
   샘 솟듯 하는 피 권세 한없이 크도다
   한없이 크도다 한없이 크도다
   샘 솟듯 하는 피 권세 한없이 크도다

4. 날 정케 하신 피 보니 그 사랑 한없네
   살 동안 받는 사랑을 늘 찬송하겠네
   늘 찬송하겠네 늘 찬송하겠네
   살 동안 받는 사랑을 늘 찬송하겠네

5. 이후에 천국 올라가 더 좋은 노래로

날 구속하신 은혜를 늘 찬송하겠네
늘 찬송하겠네 늘 찬송하겠네
날 구속하신 은혜를 늘 찬송하겠네

나 같은 죄인 살리신
(305장) - 4절(나큰이거)

1. 나 같은 죄인 살리신 주 은혜 놀라워
   잃었던 생명 찾았고 광명을 얻었네

2. 큰 죄악에서 건지신 주 은혜 고마워
   나 처음 믿은 그 시간 귀하고 귀하다

3. 이제껏 내가 산 것도 주님의 은혜라
   또 나를 장차 본향에 인도해 주시리

4. 거기서 우리 영원히 주님의 은혜로
   해처럼 밝게 살면서 주 찬양하리라

생각하는 갈대 — 상상想像은 꿈을 잉태하고, 꿈은 행복을 낳고

햄릿HAMLET

셰익스피어

장면 #8 (제3막 제1장)

알현실 밖의 복도
벽에는 휘장이 드리워져 있다. 중앙에는 탁자가 놓여
있고, 한쪽 구석에는 십자가 달린 기도용 책상이 놓여
있다. 왕, 재상 폴로니어스와 그의 딸 오필리어 등장.

〈전략〉

폴로니어스　얘, 오필리어, 여기서 서성거리고 있거라. 황공
하옵니다만 같이 숨으시지요…… 얘, 이 책을 읽고 있거라.
(책을 기도용 책상에서 집어 오필리어에게 준다.) 그렇게 책
에 몰두한 것처럼 가장하고 있으면 혼자 있어도 이상스럽게
보이지는 않을 게다. 이건 마귀의 본성에다 제법 경건한 듯
한 가면과 가장을 가지고 사탕발림하는 수작이랄까, 죄스러
운 일이기는 하나 세상에 흔해 빠진 사실이거든.

왕　(독백) 과연 그렇다. 그 말이 내 양심을 아프게 채찍질하는구나. 화장으로 곱게 단장한 창녀의 볼이 연지에 비하여 추악하다 한들, 그럴 듯하게 꾸민 말 뒤에서 행동하는 내 행실에 비하여 그 이상으로 추악하지는 않으렸다. 아, 참으로 무겁구나, 죄과의 짐이!

폴로니어스　지금 발소리가. 전하, 숨으시지요. (두 사람 휘장 뒤에 숨는다. 오필리어, 기도용 책상 앞에 무릎을 꿇는다.)

　　햄릿, 침통한 표정으로 등장.

햄릿　사느냐 죽느냐, 그것이 문제로다(To be or not to be, that is the question.) 가혹한 운명의 화살을 참는 것이 장한 것이냐, 아니면 환난의 조수를 두 손으로 막아 이를 근절시키는 것이 장한 것이냐? 죽는다, 잠잔다―다만 그것뿐이다. 잠들면 모든 것이 끝난다, 번뇌며 육체가 받는 온갖 고통이며. 그렇다면 죽음, 잠, 이것이야말로 열렬히 희구할 생의 극치가 아니겠는가! 잔다, 그럼 꿈도 꾸겠지. 아, 이것이 문제이다. 대체 생의 굴레를 벗어나 영원한 잠을 잘 때 어떤 꿈을 꾸게 될 것인지, 이를 생각하니 망설여질 수밖에― 그러나 이러한 주저가 있기에 인생은 일평생 불행하게 마련이지. 그렇잖으면 세상의 비난과 조소를 누가 참을쏘냐? 폭군의 횡포와 세도가의 모욕을, 불실한 사랑의 고통과 무성의한 재판을, 관리들의 오만을, 유덕한 사람이 받아야 할 소인배의 불손을, 대관절 누가 참을쏘냐? 한 자루의 단도면 깨끗이 청산할 수 있는 것을, 그 누가 이런 무거운 짐을 지고 지루한 인생에 신음하며 진땀을 흘릴쏘냐? 사후의 불안과 나그네 한번 가면 영영 못 돌아오는 미지의 세계가 결심을 망설이게 하고, 이래서 미지의 저세상으로 날아가느니 차라리 이대로 현재의 환난을 참게 마련이지. 결국 이러한 분별심 때문에 우리는 모두 겁쟁이가 되고, 생생한 혈색을 가진 우리의 결심 위엔 창백한 병색이 드리워져, 의기충천하던 큰 뜻도 마침내 발길이 어긋나 실행력을 잃고 말 거든—가만있자, 아름다운 오필리어……오, 숲의 여신님, 기도 중이시오? 제발 내 죄도 빠뜨리지 마시고 같이 좀 기도해 주시오.

오필리어　(일어나면서) 왕자님, 그동안 안녕하셨어요?

햄릿　황송하오, 태평, 태평, 무사태평합니다.

　〈후략〉

장면 #10 (제3막 제3장)

　궁성 안, 대복도
　기도용 책상이 놓여있다. 복도 바깥쪽은 알현실이다.
　왕, 햄릿의 동창생들인 로젠크랜스, 길덴스턴 등장.

왕　내 그 꼴을 보기 싫다. 첫째 위험하다, 미치광이를 이렇게 방임해 두면. 그래서 햄릿을 영국으로 파견하는 발령장을 수교하겠으니 곧 같이 출발해라. 시시로 그 광증에서 발생하는 위험을 신변에 두고서야 국정이 어찌 편안할 수 있겠는가.

길덴스턴　곧 준비하겠습니다. 성덕에 목숨을 매고 사는 만백성의 안전을 보호해 주시고자 함은 참으로 거룩하시고 황송하신 성려라 생각하옵니다.

로젠크랜스   사사로운 개인의 생명이라도 위험을 피하도록 있는 지력을 다하여 보호하거늘, 하물며 수많은 생명이 그 안태에 달린 옥체로 서야 다시 이를 말씀이 있겠습니까, 국왕의 불행은 그 재앙이 옥체 한 몸에서 그치는 것이 아니라 소용돌이와 같이 주위의 것을 끌고 들어갑니다. 말하자면 산정에 장치된 거대한 수레바퀴 같다고나 할까, 그 큰 바큇살에는 수천만의 작은 운명들이 매달려 있습니다. 이것이 굴러떨어질 때는 그 부속물들과 함께 요란스럽게 붕괴하고 맙니다. 지존의 탄식은 곧 만백성의 신음소리라 하겠습니다.

왕   어서 준비하고 곧 떠나도록. 이 위험에다 족쇄를 채워놔야겠다. 지금까지 너무도 방임해 왔거든.

로젠크랜스   예, 서둘러 준비하겠습니다. (두 사람 퇴장)

　　　폴로니어스 등장.

폴로니어스   지금 왕자님께서 왕비마마의 침전으로 들어가십니다. 신은 휘장 뒤에 숨어서 이야기를 엿듣겠습니다. 물론 왕비마마께서는 대단히 역정을 내실 것입니다. 그러나 전하의 말씀대로, 참 지당한 말씀이온데, 왕비마마 이외의 어느 다른 분이 엿듣는 것이 좋을 줄 아옵니다. 모자간의 정이라 자연 아드님에 대해서는 생각이 기울지도 모르니까요. 그럼, 침전에 드시기 전에 배알하옵고 결과를 사뢰겠습니다.

왕   음, 수고하오…… (폴로니어스 퇴장. 왕 이리저리 걸어 다니면서) 아, 이 죄악, 악취가 하늘까지 찌르는구나. 인류 최초의 저주를 받으렸다. 형제를 죽인 죄로—기도도 드릴 수 없구나, 심정만은 간절한데. 기도하고 싶은 마음은 간절하나 더욱 죄악에 압도당하고, 양다리를 걸친 사람처럼 어디서부터 시작할지 망설이다가 양쪽 다 못하고 마는구나. 설사 이 저주받은 손목이 형의 피로 두꺼워졌다 할지라도, 하늘에는 이 손을 백설처럼 희게 씻어줄 단비는 없을까? 죄악 위에 단비를 내리지 않는다면 무슨 공덕이라 할꼬? 범죄를 미리 막고, 또 일단 죄를 지은 뒤에는 용서를 해주는 이중의 공적이 있기에 기도를 올리는 것이 아닌가? 그렇다면 나도 희망의 눈을 들어 우러러보겠다. 내 죄과는 이미 지나간 일, 하지만 어떤 기도를 드려야 내 경우에 알맞을까? 그저 빌며 '비열한 살인죄를 용서해 주시옵소서!' 할까? 안될 말이지. 게다가 난 살인죄에서 얻은 이득을 아직도 소유하고 있잖은가, 왕관과 야심과 왕비를, 죄의 결과를 얻은 소득을 보유하고서도 죄의 용서를 받을 수가 있을까? 이 말세의 탁류 속에서는 범죄의 손도 황금으로 도금하면 정의를 밀어젖히고, 부정한 수단으로 얻은 바로 그 금력으로 국법을 매수하는 것쯤 아주 쉬운 일이지. 하지만 이건 천상에선 통하지 않지. 하나님 앞에서는 피할 도리가 없고, 죄상은 그 본체를 드러내고, 그리고 죄상에 대해 일일이 증거를 실토할 수밖에 없으니까. 그렇다면 어쩌면 좋지? 앞으로 어떡해야 하나? 회개를 해보자—회개로 안 될 일이 있으랴? 하지만 회개를 할 수 없는 경우엔 어떻게 하지? 아, 비참한 이 심경! 내 가슴은 죽음같이 시커멓구나! 아, 덫에 걸린 새 같은 이 영혼, 몸부림을 칠수록 더 죄어들기만 하는구나. 나를 도와주소서, 천사님들! 그럼 해보자. 자, 구부러지려무나, 완고한 무릎아. 자, 순해져 봐라, 강철 같은 마음아, 갓난아기 힘줄처럼—만사 다 잘되게 해주옵소서. (무릎을 꿇는다.)

햄릿, 알현실로 해서 등장하여 왕을 보자 멈춰선다.

햄릿   (복도 입구로 다가서면서) 기회는 지금이다. 마침 지금 기도를 드리고 있구나. 자, 해치우자. (칼을 빼든다.) 그러면 저 자는 천당으로 가고, 나는 원수를 갚게 되지. 가만 있자, 이건 생각해 볼 문제로구나. 악한이 내 아버지를 죽였는데, 그 보답으로 외아들인 내가 그 악한을 천당에 보내 …… 이건 도리어 사례를 받아야 할 일이 아닌가, 복수는커녕. 저 자의 손에 걸려 아버지는 현세의 온갖 욕망을 짊어진 채 죄업이 5월의 꽃과 같이 한창일 때 느닷없이 살해당하지 않았는가. 그러니 저승에서 어떠한 심판을 받았는지, 하나님 외에 누가 알랴? 하지만 아무리 생각해 봐도 중벌을 면하지 못하렷다. 그런데 과연 이것이 복수가 되겠는가. 저자가 영혼을 깨끗하게 씻어, 지금 천당의 길로 떠나기 꼭 알맞은 이때 죽이는 것이? 천만에. (칼을 다시 칼집에다 넣는다.) 칼아, 네 집으로 돌아가서 기다렸다가 좀 더 살기 찬 기회를 기다려라. 만취하여 곤드레가 되어 있을 때나, 혹은 발작을 일으켰을 때, 상피 자리에서 쾌락을 탐하고 있을 때, 혹은 도박할 때, 폭언할 때, 기타 전혀 구원의 여지가 없는 나쁜 짓에 빠져 있을 때, 그런 때에 행동으로 옮기자. 그러면 뒷발로 하늘을 차면서 지옥으로 굴러떨어질 것 아니냐, 어차피 찾아가야 할 지옥처럼 캄캄한 꼴을 하고서. 어머니가 기다리고, 계신다. 너, 기도하고 있다만, 오히려 네 병고만 연장될 뿐이니라. (그곳을 지나간다.)

왕   (일어서면서) 말은 하늘로 날아가고, 마음은 지상에 그냥 남아 있구나. 마음 없는 말이 어찌 천당에 갈 수 있으랴. (왕 퇴장)

장면 #20 (제5막 제2장)

궁성 안의 홀
전면에 옥좌가 마련되어 있고, 좌우에 의자와 탁자 등이 놓여있다. 햄릿과 친구 호레이쇼가 이야기하면서 등장.

햄릿 그 이야긴 그만해 두고, 다음 이야기를 하겠는데—그때 사정은 자네도 잘 기억하고 있지?

호레이쇼 예, 잘 기억하고 있습니다.

햄릿 여보게, 가슴속에 어떤 번민이 있어, 나는 밤에 잠을 이루지 못했지—그건 선장한테 모반하다가 발목을 결박당한 선원보다 더 비참한 지경이었다고나 할까. 그런데 무모하게도, 아니 이런 경우는 오히려 무모를 예찬해 줘야지. 때에 따라선 무분별이 도리어 도움이 되니까. 그리고 생각에 생각을 거듭한 계획도 수포로 돌아가는 수가 있고, 결국 다듬어서 완성시키는 것은 신의 힘이네. 겉목을 치는 것은 인간이 할지라도—

호레이쇼 과연 그렇습니다.

햄릿 그래서 느닷없이 선실에서 일어나 선원용 외투를 걸치고 어둠 속을 더듬어서 찾아본 결과, 과연 목적물을 발견하여 살그머니 그 꾸러미를 빼내 가지고 선실로 돌아왔네. 불안한 나머지 체모도 잊고 대담하게 그 장한 국서를 뜯어봤더니, 아 여보게, 왕의 흉계 좀 보겠나! 왕의 엄명이랍시고, 덴마크 왕의 옥체가 위험할 뿐 아니라 영국 왕의 생명까지 위태롭다는 온갖 이유를 잔뜩 늘어놓고, 이 사람을 살려두면 무슨 악귀를 내버려두는 거나 다름없으니 이 칙서를 읽는 즉시로, 아니 미쳐 도끼날을 갈 새도 없이 목을 치라는 거네.

호레이쇼   설마 그럴 리가요?

햄릿   이것이 그 칙서라네, 후에 틈을 내서 읽어보게. 그런데 그 뒤의 전말을 좀 들어보겠나?

호레이쇼   예, 말씀하십시오.

햄릿   이래서 꼼짝없이 흉계에 걸려들고 만 셈인데—채 서막도 되기 전에 머릿속에서 연극이 전개되었네. 그래 나는 우선 칙서를 하나 위조했지, 흡사한 필적으로. 한때는 나도 이 나라 정객들처럼 펜글씨를 경멸하여 습득한 솜씨를 일부러 잊으려고 애도 썼네만, 이번엔 그 펜글씨가 퍽 도움이 되었네. 내가 위조한 칙서의 내용을 알고 싶은가?

호레이쇼   예, 알고 싶습니다.

햄릿   이 왕의 간곡한 청탁장의 체제로, 즉 영국은 덴마크의 충실한 속국인만큼 양국 간의 우의가 종려나무처럼 번영하기를 원하며, 평화의 여신은 항상 밀 이삭 화환을 쓰고 양국 친선의 인연이 되어야 하는 만큼 등등 그 밖에도 실컷 그럴듯한 문구를 나열해 놓고 나서, 이 칙서를 읽고 내용 지시를 하는 즉시로 일각도 주저 말고 지참자 두 명을 사형에 처하되 참회의 여유도 주지 말라고 했네.

호레이쇼   그래 봉인은 어떻게 하셨습니까?

햄릿   아, 그것 역시 천우신조, 마침 선왕의 옥새를 주머니 속에 가지고 있었지. 현왕의 옥새는 이걸 본떠 새긴 걸세. 그래 편지를 이전 것과 똑같이 접어서 서명하고 옥새를 누른 다음, 바꿔치기한 것을 아무도 모르게 살그머니 원래의 장소에다 갖다 두었지. 그리고 그 이튿날은 해적과 싸운 날이고, 그 뒤의 사정은 자네도 이미 잘 알고 있지.

호레이쇼   그럼, 길덴스턴과 로젠크랜스는 영영 가게 된 모양이군요.

햄릿 그야 어쩔 수 없지, 두 사람이 자청해서 나선 길이었으니까. 나는 조금도 양심의 가책을 느끼지 않아. 자승자박, 아첨꾼들에게는 지당한 운명이지. 불꽃 튀는 목숨 건 승부가 왕자들 사이에서 행해지고 있는 판에, 되지 못한 상놈은 왜 뛰어 들어온담, 위험하게.

호레이쇼 참 지독한 왕도 다 보겠군!

햄릿 이쯤 되고 보면 이젠 그냥 물러설 수 없지. 그렇잖은가? 선왕을 시해하고 왕비를 간음한 놈이 눈앞에 나타나서, 왕위를 계승할 길을 막고 내 목숨마저 낚으려고 간책을 쓰니, 이런 놈은 이 손으로 처치해 버리는 것이 양심에 떳떳한 것 아닌가? 인류의 독충이 세상에 해독을 끼치게 방임해 두는 것이 오히려 죄악이 아니겠는가?

호레이쇼 그러나 영국 왕은 곧 전말을 보고해 올 텐데요.

햄릿 곧 올 테지, 그러나 그동안의 시간은 내 것이거든. 어차피 인간의 목숨이란 '하나' 할 여유도 없이 날아가게 마련이네…… 그건 그렇고, 호레이쇼, 레어티스에게는 참 미안하게 생각하네. 나도 모르게 흥분하여 이성을 잃었던 탓이지. 내 자신의 경우에 비추어 보아도, 그 사람의 비통한 심정은 잘 알 수 있네. 가서 사과하겠네. 그러나 너무 야단스럽게 애통해하는 바람에 나도 그만 울화가 치밀어 올랐단 말이야.

〈중략〉

시종들이 등장하여 의자, 방석 등을 갖다 놓고 좌석을 마련한다. 이윽고 나팔수와 북 치는 사람들 등장. 그 다음에 왕과 왕비, 귀족들 그리고 심판을 맡아볼 오즈리크와 귀족 한 명 등장. 이 두 심판관이 검과 단검을 벽 곁에 있는 탁자 위에 갖다 놓는다. 끝으로 시합복을 입은 레어티스 등장.

왕　자, 햄릿, 이리 와서 이 손과 악수해라. (레어티스의 손을 햄릿의 손에 악수시킨다. 그리고 나서 왕비를 데리고 좌석에 앉는다.)
햄릿　용서해주게, 레어티스. 실례가 많았으니 신사답게 용서하게. 여기 좌중이 다 알고 있고 자네도 이미 소문을 들었겠지만, 나는 심한 정신병에 욕을 보고 있다네. 내 난폭한 행동에 자네는 자식된 도리로서 인정은 물론 체면과 감정을 몹시 상했을 줄 아네만, 그건 단연코 광증의 소치였네. 햄릿이 레어티스에게 난폭한 행동을? 아냐, 그건 절대로 햄릿이 한 짓이 아냐. 그야 이성을 빼앗기고 자아가 없는 햄릿이 레어티스에게 폭행을 가했다고 치면, 그건 햄릿이 한 짓이라곤 할 수 없지. 햄릿 자신이 그걸 부인하네. 그럼, 누가 했나? 그의 광증이 했지. 그렇다면 햄릿은 피해자의 한 사람이며, 이 광증은 불쌍한 햄릿 자신의 적이기도 하네. 내 무례가 고의적인 것이 아니었다는 변명을 제발 이렇게 여러분들 앞에서 관대하게 받아들이고 부디 용서해주기 바라네. 지붕으로 쏜 화살이 우연히 자기 형제를 맞춘 격이라고 말일세.
레어티스　자식된 도리, 오직 그것이 복수심을 분발시킨 동기였던 것이나, 이제 마음이 풀립니다. 그러나 이대로 물러서서는 체면이 서지 않습니다. 타협도 하지 않겠습니다. 누구 명예 높은 선배가 중간에 서서, 화해해도 좋다는 선례를 제시하고 내 체면을 세워주기 전에는. 그러니까 그때까진 왕자님의 우정으로 받아들이고, 이를 모욕하지는 않겠습니다.
햄릿　나도 그 말은 반갑네. 그럼 허심탄회하게 형제지간의 시합을 해보세…… 자, 검을 다오.

레어티스　자, 내게도 하나 다오.

햄릿　내 자네를 돋보이게 하는 역할을 하지. 미숙한 나에 비하면 능숙한 자네 솜씨야 암야의 명성처럼 광채를 발할 것이 아닌가.

레어티스　사람을 놀리지 마십시오.

햄릿　사람을 놀리다니, 천만에.

왕　오즈리크, 두 사람에게 검을. (오즈리크가 시합도 네댓 자루를 가지고 앞으로 나온다. 레어티스, 그 중의 하나를 받아 들고 한두 번 찔러본다.) 햄릿, 내기를 건 사실은 알고 있지?

햄릿　예, 잘 알고 있습니다. 친절하게도 약한 쪽에 조건을 유리하게 정해놓으셨다죠?

왕　나는 염려하지 않는다, 두 사람의 실력은 내가 잘 알고 있으니. 그러니 저편 실력이 상당히 센 것 같기에 조건을 네게 좀 유리하게 정해놓은 것뿐이다.

레어티스　이 검은 좀 무겁군. 다른 것을 보여다오. (탁자로 가서 칼끝이 뾰족하고 독이 발라진 칼을 집어든다.)

햄릿　(오즈리크한테서 검을 받아들고) 나는 이 검이 마음에 드는군. 검의 길이는 다 같지요?

오즈리크　예, 다 같습니다.

　　　심판관과 종자들, 시합 준비를 한다. 햄릿도 준비를 한다. 다른 시종들이 포도주를 담은 병과 잔을 가지고 등장.

왕　그 포도주잔들을 저 탁자 위에 늘어놓아라. 만약 햄릿이 1차 전이나 2차전에서 한 점을 획득하든가, 혹은 3차전에서 비기든가 하면 성마루로부터 일제히 축포를 터뜨리도록 해라. 그때 짐은 햄릿의 건투를 위해 축배를 들고, 잔에는 진주알을 넣겠다. 그건 덴마크의 4대 역대 왕이 면류관에 달았던 진주알보다 더 훌륭한 것이다. 술잔들을 이리 다오. 자, '지금 성상께서 햄릿을 위하여 축배를 드신다.'고 북을 쳐서 나팔수에게 알리고, 나팔수는 성 바깥 대포수에게 알려 포성은 은은히 천상에 고하고, 대지도 이에 호응하여 진동케 하라. 자, 시작. 심판들은 정신 차려 지켜보아라.

　　　　시종들이 왕 곁에 잔을 놓는다. 나팔 소리. 햄릿과 레어티스, 각각 제 위치에 선다.

햄릿　자, 덤벼라.
레어티스　야!

　　　　1회전이 시작된다.

햄릿　한 대!
레어티스　아니오.
햄릿　심판?
오즈리크　한 대, 정통으로 한 대입니다.

　　　　두 사람이 떨어져 선다. 북소리와 나팔 소리, 그리고 밖에서 대포 소리.

레어티스　자, 2회전을.

왕 잠깐 기다려, 술을 부어라. (종자가 잔에다 술을 붓는다.) 햄릿,
(보석을 들어 보이면서) 이 진주는 네 것이다. 너를 위하여 축배를
들겠다. (잔을 들어 마시고, 그 속에다 진주를 넣는 척한다.) 자, 햄
릿에게 이 잔을.

햄릿 먼저 이 승부부터 내겠습니다. 잔은 잠시 거기 놔두십시오.
(종자, 잔을 뒤쪽 탁자 위에 갖다 놓는다.) 자, (2회전이 시작된다.)
또 한 대! 어떤가?

레어티스 약간 스쳤습니다, 약간입니다. (두 사람이 떨어져 선다.)

왕 햄릿이 이길 것 같은데.

왕비 땀을 많이 흘려 숨 가빠해요. 아 햄릿, 이 수건으로 이마를
닦아라. (수건을 햄릿에게 주고 탁자로 가서 햄릿의 술잔을 든다.)
햄릿, 네 행운을 위해 내가 축배를 들겠다.

햄릿 감사합니다!

왕 거트루드, 그건 마시면 안 되오.

왕비 아니에요, 마시겠어요. 용서하세요. (좀 마시고 잔을 햄릿에
게 준다.)

왕 (독백) 저건 독을 넣은 술인데, 이젠 늦었어!

햄릿 좀 기다리십시오, 어머니—잠시 후에 마시겠어요.

왕비 자, 네 얼굴을 닦아주마. (햄릿의 땀을 닦아준다.)

레어티스 (왕에게) 이번엔 꼭 한 대 먹이렵니다.

왕 어림없지.

레어티스 (독백) 아무래도 양심의 가책이 느껴지는데.

햄릿 자, 레어티스, 3회전이네. 자네, 힘을 넣고 있지 않은 것 같
군. 좀 맹렬히 찔러봐, 날 어린애 취급하지 말고.

레어티스 그렇다면, 자.

3회전이 시작된다.

오즈리크 무승부. (두 사람이 떨어져 선다.)
레어티스 (느닷없이) 자, 한 대! (옆을 보는 틈을 노려, 햄릿에게 상처를 입힌다. 상대방의 비겁한 행동에 햄릿은 격분하여 레어티스와 격투한다. 두 사람은 우연히 서로 칼을 바꿔쥔다.)
왕 뜯어말려라. 흥분하고 있구나.
햄릿 (레어티스를 향하여) 자, 다시.

왕비가 쓰러진다.

오즈리크 아, 왕비님이!

햄릿이 레어티스를 깊이 찌른다.

호레이쇼 양쪽이 다 피를!—아니, 이게 웬일이십니까, 왕자님?
오즈리크 (레어티스를 안아 일으키면서) 이거 어떻게 된 영문이오, 레어티스?
레어티스 아이구 오즈리크, 왜가리 모양으로 내 덫에 걸렸어! 바로 내 술책에 죽게 됐어.
햄릿 왕비께서는 어찌된 일입니까?
왕 피를 보고 기절하셨다.
왕비 아니다, 아니다, 저 술— 아, 햄릿—저 술, 저 술에 독이! (쓰러진다.)
햄릿 음모다! 에잇! 문을 잠가라—흉계다! 범인을 잡아내라.

레어티스 범인은 여기 있습니다. 왕자님, 왕자님도 목숨을 잃게 됩니다. 이젠 이 세상 어떤 약도 소용이 없습니다. 앞으로 반 시간 도 견뎌내지 못합니다. 흉기는 왕자님 손에 쥐어져 있습니다. 칼끝 은 뾰족하고 독약이 발라진 그 흉기는, 흉기의 결과는 결국 나 자신 한테 돌아왔습니다. 보십시오, 나는 이렇게 쓰러진 채 다시는 일어 나지 못합니다—어머님께선 독살을—이젠 더 말할 기력이 없습니 다—장본인은 왕, 저 왕.

햄릿 칼끝에까지 독을! 그렇다면 이놈, 독약 맛을 좀 봐라! (왕을 찌른다.)

모두 반역이다! 반역이다!

왕 아이구 이놈들아, 나를 보호해라. 상처는 대단하지 않으니.

햄릿 옛다! 이 독약을 마셔라. 살인, 강간한 이 악마 같은 덴마크 왕 놈아. (억지로 독이 든 잔을 먹인다.) 어때, 진주알은 들어 있느 냐? 내 어머니 뒤를 따라가라. (왕, 숨이 끊어진다.)

레어티스 자기의 손으로 제조한 독주, 거, 천벌입니다. 우리 서로 죄를 용서합시다. 왕자님, 저나 아버님의 죽음이 왕자님께 죄가 되지 않기를, 왕자님의 죽음이 제게 죄가 되지 않기를! (숨이 끊어 진다.)

햄릿 하나님이 자네 죄를 용서하옵기를! 나도 자네 뒤를 따라가네 …… (쓰러진다.) 호레이쇼, 나는 죽네. 가엾은 어머니, 안녕히! 이 참변에 파랗게 질려서 벌벌 떠는 여러분들, 이 비극의 무언 배우나 관객밖에 못 되는 여러분들! 죽음의 잔인한 사자가 사정없이 나를 붙잡아 가는구려. 아, 해두고 싶은 이야기가 있지만—시간이 없구 나. 호레이쇼, 나는 가네. 자네는 살아남아서 나의 입장을 올바르게 설명해 주게, 나를 비난하는 사람들에게.

호레이쇼   살아남다뇨, 천만의 말씀. 저는 이제 덴마크인이기보다는 고대 로마인답고 싶습니다—마침 독주가 남아있습니다. (잔을 든다.)

햄릿   (일어서서) 대장부라면, 그 잔을 이리 주게. 자, 손을 놔. 제발 이리 달라니까! (호레이쇼의 손을 쳐서 잔을 마루에 떨어뜨리고 쓰러진다.) 아, 호레이쇼, 전말을 설명하지 않고 이대로 놔둔다면 어떤 누명이 사후에 남을 것인가! 여보게, 자네가 나를 소중히 여긴다면, 잠시만 천상의 행복을 물리치고 고생스러울지라도 이 험한 세상에 살아남아서 내 이야기를 후세에 전해주게…… (멀리서 진군하는 소리가 들려온다. 이윽고 대포 소리)

　　　〈후략〉

* 셰익스피어William Shakespeare(영국, 1564~1616).

뱀은 실제로는 발이 없다

혹시 우리가 이승을 다 살고 나서, 비로소 천국과 지옥이 실재함을 목도하게 된다면 얼마나 난감할까요. 그래서 다음 진리를 귀띔해 드립니다.

천국은 악을 행하거나 선을 행하지 않아서 입성하지 못하는 것이 아니라, 죄를 회개하지 못해서 낙방한다는 이것 한 가지만 잘 명심하였다가 실행한다면, 누구나 천국에 입성할 자격을 얻을 수 있다고 합니다. 다만, 이 원칙은 임종 전까지만 유효합니다.

"그러므로 너희가 회개하고 돌이켜 너희 죄 없이 함을 받으라. 이같이 하면 새롭게 되는 날이 주(예수님) 앞으로부터 이를 것이요.(행3:19)"

지옥은-단테Dante Alighieri의 신곡(지옥편 제3곡)에 의하면-지옥문 입구에는 높다랗게 이런 글귀가 어두운 색깔로 새겨져 있다고 합니다.

슬픔의 나라로 가고자 하는 자 나를 거처 가거라.
영원의 가책을 만나고자 하는 자 나를 거처 가거라.
파멸된 사람 사이에 끼이고자 하는 자 나를 거처 가거라.
……
나를 거처 가려는 자는 모든 희망을 버리라.

5월

● 말씀 읽기: 〈 에스라 – 욥기 〉

● 요절: 그러나 내가 가는 길을 그가 아시나니 그가 나를 단련하신 후에는 내가 순금같이 되어 나오리라. 내 발이 그의 걸음을 바로 따랐으며 내가 그의 길을 지켜 치우치지 아니하였고 내가 그의 입술의 명령을 어기지 아니하고 정한 음식보다 그의 입의 말씀을 귀히 여겼도다 (욥23:10-12)

● 농사 절기: 입하入夏, 소만小滿

● 행사: 5월 1일-노동절
　　　　5월 5일-어린이날
　　　　5월 8일-어버이날
　　　　5월 15일-스승의날

〈 명심보감 교훈 〉

내가 어버이에게 효도하면 자식도 내게 효도하리니,
자신이 이미 효도하지 않으면 자식이 어찌 효도하겠는가.

太公이 曰,
孝於親이면 子亦孝之하나니,
身旣不孝면 子何孝焉이리요.

지상에서 가장 아름다운 이름

박시교

그리운 이름 하나 가슴에 묻고 산다
지워도 돋는 아련한 풀꽃 향기 같은

그 이름
눈물을 훔치면서 뇌어본다
어-머-니

무게고考

박시교

온종일 모은 폐지 한 리어카 이천오백 원

몇십억 아파트 깔고사는
호사와는 견줄 수 없다지만

경건한 그 삶의 무게 결코 가볍지 않다

* 박시교: 시인(봉화, 1945~).

행복이 무엇이뇨?
솔로몬의 행복론

　하나님이 모든 것을 지으시되 때를 따라 아름답게 하셨고 또 사람들에게는 영원永遠을 사모하는 마음을 주셨느니라. 그러나 하나님이 하시는 일의 시종始終을 사람으로 측량할 수 없게 하셨도다. 사람들이 사는 동안에 기뻐하며 선을 행하는 것보다 더 나은 것이 없는 줄을 내가 알았고, 사람마다 먹고 마시는 것과 수고함으로 낙을 누리는 그것이 하나님의 선물인 줄도 또한 알았도다. 하나님께서 행하시는 모든 것은 영원히 있을 것이라 그 위에 더할 수도 없고 그것에서 덜 할 수도 없나니 하나님이 이같이 행하심은 사람들이 그의 앞에서 경외하게 하려 하심인 줄을 내가 알았도다. (전3:11~14)

　네 헛된 평생의 모든 날 곧 하나님이 해 아래에서 네게 주신 모든 헛된 날에 네가 사랑하는 아내와 함께 즐겁게 살지어다. 그것이 네가 평생에 해 아래에서 수고하고 얻은 네 몫이니라. 네 손이 일을 얻는 대로 힘을 다하여 할지어다. 네가 장차 들어갈 스올(죽은 자들의 영혼이 가는 내세. 나사로가 생전에 살던 부잣집 주인이 들어간 곳)에는 일도 없고 계획도 없고 지식도 없고 지혜도 없음이니라. (전9:9~10)

내가 다시 해 아래에서 보니 빠른 경주자들이라고 선착하는 것이 아니며 용사들이라고 전쟁에 승리하는 것이 아니며 지혜자들이라고 음식물을 얻는 것도 아니며 명철자들이라고 재물을 얻는 것도 아니며 지식인들이라고 은총을 입는 것이 아니니 이는 시기와 기회는 그들 모두에게 임함이니라. (전9:11)

이스라엘이여 너는 행복한 사람이로다 여호와의 구원을 너 같이 얻은 백성이 누구냐 그는 너를 돕는 방패시오 네 영광의 칼이시로다. 네 대적이 네게 복종하리니 네가 그들의 높은 곳을 밟으리로다. (신33:29)

보아라 즐거운 우리 집
(235장) – 4절(보앞우우)

1. 보아라 즐거운 우리 집 밝고도 거룩한 천국에
   거룩한 백성들 거기서 영원히 영광에 살겠네

(후렴)
　거기서 거기서 기쁘고 즐거운 집에서
　거기서 거기서 거기서 (1) 영원히 영광에 살겠네
　　　　　　　　　　　 (2) 찬미로 영원히 즐기네
　　　　　　　　　　　 (3) 주님과 영원히 살겠네
　　　　　　　　　　　 (4) 기쁘고 즐겁게 살겠네

2. 앞서 간 우리의 친구들 광명한 그 집에 올라가
   거룩한 주님의 보좌 앞 찬미로 영원히 즐기네

3. 우리를 구하신 주님도 거룩한 그곳에 계시니
   우리도 이 세상 떠날 때 주님과 영원히 살겠네

4. 우리의 일생이 끝나면 영원히 즐거운 곳에서
   거룩한 아버지 모시고 기쁘고 즐겁게 살겠네

사철에 봄바람 불어잇고

(559장) - 3절(사어아)

1. 사철에 봄바람 불어잇고 하나님 아버지 모셨으니
   믿음의 반석도 든든하다 우리 집 즐거운 동산이라

(후렴)
   고마워라 임마누엘 예수만 섬기는 우리 집
   고마워라 임마누엘 복되고 즐거운 하루하루

2. 어버이 우리를 고이시고 동기들 사랑에 뭉쳐 있고
   기쁨과 설움도 같이 하니 한 간의 초가도 천국이라

3. 아침과 저녁에 수고하여 다 같이 일하는 온 식구가
   한 상에 둘러서 먹고 마셔 여기가 우리의 낙원이라

[정책제안 2]

지상에 낙원국가를 세워보자

申若梅

1. 선진국 진입에 걸림돌이 되는 문제들

작금에 우리나라는 과학기술 및 산업 생산 능력이 향상되고, 이에 따라 경제 규모와 국민 총소득이 확대되었으며, 또한 외교적 위상과 문화 수준이 함께 높아지는 것을 볼 때, 지구촌에서 G10 이내의 선진국으로 진입하는데 외형적으로는 걸림돌이 없는 듯하다.

그러나 분단국으로서의 안보 불안이 남아 있으며, 거기에 더해 지역과 세대, 이념을 달리하는 각 사회 집단의 분리 가속화로 대립, 갈등의 골이 점점 깊어지는 것은 문제이다.

더욱 심각한 문제는 서민 가구 간의 소득 불균형과 과도한 부채 등으로 국민 다수가 행복을 느끼지 못하겠다고 토로하고 있으며, 불만을 가진 자의 증가로 흉악 범죄가 늘어나는 한편 장래에 대해 불안을 느낀 젊은 세대가 결혼과 출산을 꺼림으로 인해, 다른 선진국과 달리 우리나라는 현시점에서 인구 감소와 경제성장의 정체를 우려하는 상황이 나타나기도 한다.

2. 국가의 성취 목표 재설정

우리는 지금까지 제3공화국 이래 "민족중흥"이란 목표와 "우리도 한번 잘 살아보세"를 생활신조로 하여, 온 국민과 기업, 정부가 혼연일체가 되어 범국민적으로 노력하였고, 이를 통해 얻은 결실이 "선진국 진입"인 것이다.

여기서 선진국이란 개념은 여러 경쟁국 가운데서 일정 순차 이상의 월등히 앞선 자 그룹을 의미하는 상대적 가치 기준이다.

그러면 다음의 목표와 가치는 무엇이 되어야 할까? 5등 이내에 들어가면 더 보람이 있을까? 미국처럼 되어 보자고 해야 하나? 될 수도 없거니와 그럴 필요가 없다. 이제는 절대적 가치로 평가하여 남들이 가보지 않은 길을 개척하는 것이 우리의 자존을 높이는 길이요, 체제도 안정화하고, 세계를 선도하는 위치로 올라서는 길이 될 것이다.

3. 낙원국가 건설을 한번 목표해 보자

우리가 사는 별인 이 지구에 예수님이 재림하시는 날은 아마도 지구의 전면적 재창조가 시행되거나, 최소한 천지개벽 정도는 있을 것으로 믿는 사람이 많이 있다. 그때는 우리가 지금까지 비싼 대가를 지급하여 성취해 놓은 유·무형 재화들의 가치와 지위에 어떤 변동이 있을지 매우 궁금하다. 그날이 가까워지면 다음과 같은 일도 비일비재하게 일어날 것이다.

필자가 어릴 때 들은 얘기로, 아버지가 젊은 시절에 시골에서 이런 일이 있었다고 한다.

옆 동네 살던 어떤 이는 아무 날, 아무 시에 천지개벽할 터이니 이제 농사지을 일 없다며 마구간에 있는 소를 공연히 끌어내어 동네 사람들과 함께 잡아먹고는 아무 일이 발생하지 않자, 낭패한 일이 실제로 있었다고 하니 얼마나 황당한가.

필자가 과문해서인지 유사有史 이래 지상에 낙원국가를 성취한 사례가 있었다는 말을 들어보지 못하였다. 왜일까? 성취하기가 쉽지 않아서거나, 위에서 예상한 바와 같이 종말에 무용지물이 될 것이 두려워 시도하지 않았을 수도 있다. 그러나 낙원국가 건설을 구체적으로 목표한 나라가 있었다는 기록을 남기는 것은 신나는 일이고, 그것을 우리가 한번 해보자는 것이다.

만약 천신만고 끝에 낙원국가를 '척'하고 완성했을 즈음에, 앞에서 언급한 대로 예수님이 오신다고 치자, 그러면 헛수고한 것이 원통해 땅을 치고 울어야 할까? 아니면 공연한 일을 했다고 예수님이 나무라실까? 그렇지 않을 가능성이 매우 높다. 오히려 그 백성을 필시 칭찬하실 것이다. "잘하였도다, 충성된 종아, 너희는 나의 창조사역에 빛나는 조력자이니 내 잔치 자리에 참여하려무나." 하시며 전원 자격 심사를 생략하고 특별전형으로 천국에 직방으로 데려가실 수도 있는 일이다.

4. 낙원국가의 충분조건

① 기본 식량은 소요량의 2/3 이상 자급할 생산수단이 확보되어 있다.

② 안보는 동맹국 도움 없이 1년 이상 전투할 국방 능력을 갖추었다.

③ 필요한 에너지의 반수 이상은 자력 조달할 기반이 구축되어 있다.

④ 기술, 공업제품의 생산능력은 각 분야 세계 5위 이내 랭크된다.

⑤ 국토의 10% 이상의 면적에 에덴동산 급 '낙원공원'이 조성되어 있다.

⑥ 국민의 2/3 이상이 행복하다고 느끼며 즐겁게 생활한다.

⑦ 국민의 2/3 이상이 고상한 인격과 품성을 구비하고 있다.

⑧ 국민의 반수 이상이 예수를 믿어 천국 비자를 획득하였다.

이들 조건 중 가장 어렵고도 중요한 제5항~8항에 한하여 본 제안은 그 성취 방안을 계속하여 언급하려고 한다. 그리고 5~8항이 전제되지 않은 1~4항의 성취는 단지 사상누각이기 때문에 가치가 없다.

5. 낙원공원 벨트 조성

① 휴전선 비무장지대를 낙원공원 횡-벨트로 조성

우리 한반도의 중앙 허리에 해당하는 북위 38°선상에 미개발지로 남아있는 남·북한 간의 휴전선 비무장지대는 천혜의 '낙원공원' 적지이다. 70년 이상 개발이 시도되지 않은 광대한 토지를 '코리아의 휴전선' 말고 어디 가서 찾을 수 있을까.

이곳은 우리 한민족의 숨겨놓은 보물이자, 세계인의 휴식공원이 되기에 최적지이다. 면적은 155마일×4㎞ = 992㎢= 약 3억 평이다. 임자 없는(국가 소유) 땅 3억 평이 이미 준비된 셈이다.

현세의 21세기에 아무리 부유한 나라, 세계적 재벌이라도 요지에 있는 무공해 산야 3억 평을 신규로 매입하여 공원용지로 내어놓기란 쉽지 않은 일이다.

정부는 다른 잡념이 개입되기 전에 눈 딱 감고 에덴동산을 이 한반도의 중간 허리에 복원하도록 시도해야 한다. 길이 155마일(248㎞)짜리 동-서해를 관통하는 산책로는 부산물이다. 남북 진폭 4㎞의 비무장지대 남측과 북측에 평행으로 왕복 산책로를 닦으면 총길이는 500㎞가 넘는다. 아마도 유럽의 '산티아고 순례길'을 능가하는 명품 산책로가 되어 전 세계인의 사랑받는 순례길이 될 것이다.

② 4대강 유역 낙원공원 종-벨트 조성

치수관리와 자전거 도로 정도로 조성해 놓고 방치된 4대강 유역을 모두 종 벨트 낙원공원화하고, 가능하다면 38선 넘어 북한의 강들도 남한의 강들과 동급 수준으로 치수 및 유역 정비, 공원 조성을 유도하면 한반도의 공원화 비율은 아마도 세계 최고가 될 것이다.

③ 명산 중턱에 낙원공원 조성

우리나라의 산은 일부 우락부락한 산을 제외하고는 대부분 한나절 또는 반나절이면 올라갔다 내려올 수 있는 규모이다. 기 국립공원으로 지정된 명산을 조금 더 단장하여, 어르신과 어린이를 포함한 전 가족이 접근하기 편리한 산 중턱에 가족소풍형 낙원공원을 조성한다.

④ 의무 소풍 휴무제도 시행

이제 공원은 준비됐다. 소풍 갈 마음의 여유와 시간과 돈만 있으면 된다. 모든 국민은 일주일에 한 번은 의무적으로 공원에 소풍 가게 하자. 힘없는 자, 돈 없는 자도 오도록 하라. 도무지 우울할 틈을 주지 말라. 그래서 생활비에 여유가 있는 분, 공돈이 생긴 분은 일주일에 한 번 공원에 나가서 마음껏 돈을 쓰게 하라. 모르는 사람에게 밥도 사고, 용돈도 마구 나누어 주도록 하라. 그들은 마음에 평안을 얻게 될 것이고, 받는 사람은 기쁘고 행복해지리라.

6. 죄를 회개하고 행실이 선해야 복을 받는다

성경 역사상 고대古代에 가장 악하고 잔인한 백성이 살던 나라는 앗수르이고, 그 나라의 수도는 니느웨이다. 현대現代에 와서 최고 악질인 족속은 아마도 IS 테러단체 전사들일 것이다. 그 백성의 후예가 이 백성으로 유전되었는지는 확실치 않지만, 그들이 사는 지역은 예전이나 지금이 거의 일치한다.

구약성경 요나 선지자 시절에 큰 성읍, 니느웨성 백성들이 너무 악해서 천지의 주제이신 하나님께서는 그 성읍을 심판하기로 결심하시고, 선지자 요나에게 그 성에 가서 "40일이 지나면 니느웨가 무너지리라."고 경고하게 하셨다. 요나는 내키지 않았지만 할 수 없이 가서 외쳤다. 마지못해 외치기는 했지만, 그들이 회개할 것이라고는 기대하지 않았고, 내심으로는 그냥 벌을 내려주시기를 오히려 바랐었다. 이스라엘의 원수이기 때문이다.

그런데 의외의 일이 일어났다. 그 악하기로 소문난 나라의 왕과 백성들이 다 함께 즉시로 금식을 선포하고 굵은 베옷을 입고 재灰 위에 앉아 철저하게 잘못을 회개했더니 하나님은 그들을 용서하시고 살려주셨다.

그러면 니느웨가 지금까지 번성하여 존속하고 있을까? 아니다. 그 회개운동으로 구원받은 것은 잠깐이요 그들은 150여 년 후 다시, 오히려 이전보다 더 포악하고 간교하고 교만하여 결국 심판받아 멸망하였고, 현재 니느웨는 고고학자들의 문헌 속에나 존재하는 도시가 되었다.

행복은 사람이 쉽게 만들어 누릴 수 있는 것이 아니라, 창조주 하나님이 은혜를 베풀어 주셔야 행복하게 살 수 있는 것이다. 인간이 복을 받고 번성하여 살기 위해서는 창조주의 마음에 흡족한, 거룩하고 깨끗한聖潔 심성心性 위에 착한 행실이 뒤따르는 실생활이 얹히어져야 가능한 것이다.

대한민국, 이 작은 나라가 지금 세계 열강 가운데서 요만큼 선진국 행세를 하며 살게 됨은 첫째 우리의 애국가가 좋고(하나님이 보우하사 우리나라 만세), 많은 의인이 하나님의 뜻대로 살기 위해 노력한 덕분임을 온 국민은 알아야 한다.

그런데 대한민국이 현재 하루가 다르게 급속도로 악하게 변모되는 중임은 장삼이사가 다 아는 사실이다. 경제적으로 선진국 되는 것이 중요한 것이 아니라, 얼른 이 장망성(장차 망할 도시)의 운명을 벗어날 방도를 찾아야 한다. 구약과 신약을 긴급하게 처방받아 복용해야 할 사유가 여기에 있다.

7. 국민 회개일悔改日 지정

신약성경 야고보서에 이런 말씀이 있다. "욕심이 잉태한즉 죄를 낳고, 죄가 장성한즉 사망을 낳느니라." 이 세상에 욕심 없는 자가 없으니, 모든 이는 죄인일 수밖에 없다. 그렇다면 죽지 않고 살려면 죄를 씻어야 하는데, 얼마나 자주, 몇 번을 씻어야 할까?

구약성경 욥기에 나오는 인물 '욥'은 의인이요 유력한 사람이었는데 자녀가 열 명이 있었다. 자녀들이 각자 생일날에 형제자매들을 초청하여 잔치를 벌이면, 욥은 혹시 자녀들이 생일파티 중에 죄를 범하지 않았을까 염려되어서 잔치가 끝난 후에 반드시 자녀들을 모두 자기 집으로 불러 모아 번제(속죄제사)를 드렸다.

이처럼 죄는 저지르는 즉시로 회개하여 씻어내야지 그냥 두면 습관화되어 장성하게 되어 있고 결국은 사망에 이르게 한다. 욥의 원칙을 참고하면 회개는 최소한 일 년에 6~7회 해야 하고, 범죄 후 2달 이상 방치하면 절대 안 된다.

그런데 마침 우리나라의 국가 경축일은 기가 막히게도 거의 2달에 한 번꼴로 찾아온다. 이 법정공휴일을 이용하여 국민회개운동을 정기적으로 전개하면 된다. 대한민국은 이미 복 받기로 작정 되어 있는 나라임이 분명하다.

① 언제 어떤 회개를 할 것인가?

회개의 방법과 무엇을 회개할 것인지에 대해서는 본 제안자가 취급할 사항이 아니므로 생략하기로 한다. 다만 회개는 단순히 죄를 씻기만 하면 끝나는 작업이 아니고, 그 이후에 개선된 삶을 어떻게 살겠다는 실천을 다짐하고서야 완성되는 것이기 때문에, 선행을 실천할 과제에 맞추어 다음과 같이 '국민회개일'을 지정함이 옳으리라.

• 1월 1일 신정
　　세심절洗心節-마음을 씻어 성결聖潔하게 하고,

새해 소원 결심

- 3월 1일 삼일절
    선린절善隣節-내 이웃, 옆집 주민과 교유交遊하기
    새터민(탈북민, 귀화 외국인) 격려하기
- 4월 둘째 주(일) 고난주간
    부활절復活節-예수님 부활을 축하하고 감사의 제사
- 6월 6일 현충일
    숭조절崇祖節-순국선열, 애국지사, 민족 영웅 추모,
                후손 포상
- 8월 15일 광복절
    건국절建國節-나라를 사랑하고, 나라에 충성 결심하기
    화랑 5계 상기하고 계승하기
- 10월 3일 개천절
    애족절愛族節-동포사랑, 겨레사랑,
    외국 이주 Diaspora 사랑
- 11월 넷째 주(일) 감사주간
    추수감사절感謝節-추수감사, 하나님께 풍년 주심을 감사
    불우이웃 구제 실천하기

② 어디에서 회개하나?
가. 자기 집 골방에서 은밀하게 하나님을 만나서 직고한다.
나. 집에서 가족들이 화목하게 교제하고 위로하며 이해하고 용서
    한다.
다. 교회에서 거룩하게 예배드리고 교우들과 합심하여 아뢰고 간
    구한다.

8. 결론

하나님은 손수 만드신 온 우주와 지구 그리고 지구상에 존재하는 모든 피조물을 항상 관찰하시고 계속하여 섭리하신다. 특히 땅 위의 만물을 관리하는 임무를 위임하신 '사람'에 대해 제일 관심이 많으셔서 지금도 직접 인사권을 행사하시며, 택하신 종들에게 능력을 베푸신다(대하16:9).

한편 하나님의 창조 사역에 방해꾼인 사탄은 세상을 두루 살피고 다니다가 거짓으로 사람을 꾀어 범죄케 하고, 때로는 하수인으로 삼아서 데리고 다니며 영특한 지혜로 간악한 일을 시키고 하나님 앞에서 우쭐댄다(창3:4-6, 욥1:7-19).

그러므로 사람에게 있어 이 세상은 선과 악의 대결장이며, 대한민국의 정치, 경제, 사회, 문화의 모든 영역에서 현재 우리가 처한 시대상은 인간 이성의 원초적 질문으로 되돌아와 "하나님을 섬기며 그 은혜 아래 살 것인가, 자기 욕망을 채워줄 다른 신들을 찾아내어 섬기고 따를 것인가?" 양 진영 사이에서 머뭇거리며 엎치락뒤치락 공방攻防하는 전투 상황판인 것이다.

우리 한민족이 만주지역과 한반도에 정착한 지 4천여 년(고조선의 BC 2천 년 기원설)에, 이 땅에서 통일국가를 꽃피웠다 사그라진 '고조선-고구려-신라-고려-조선'에서, 각 나라의 부침은 예외 없이 '건국과 혁신→ 단결과 번성→ 외적의 침입→ 내부의 분열→ 멸망'의 공식을 따랐다.

조선이 멸망하고 일본에 병합된 지 35년에 우리는 우리의 실력이 아닌, 외부의 절대적인 섭리와 은혜에 의해 해방을 얻고 대한민국을 건국한 지 올해로 75년째를 맞고 있다. 일천 년 혹은 500년을 유지한 왕조와 비교할 때 우리는 아직 신생국에 지나지 않음을 여기서 한번 놀라야 한다.

이번에도 우리는 초기에 등판한 걸출한 지도자 몇 분의 '혁신'으로 지금까지 단기간에 비약적인 발전과 국력을 키웠고, 나이로 봐서는 이제 막 본격적인 '단결과 번성' 단계의 초입에 도달한 셈인데, 우리의 관리 부실로 핵무기를 앞세운 공산주의 세력의 외부 위협 앞에 직면하게 되었다.

이것은 어쩌면 마귀의 시샘이고, 마귀는 단결된 힘과 믿음 앞에는 맥을 못 추는 법인데, 그걸 모르는 자들은 오히려 자진하여 마귀의 수족이 되어 위기 상황에서 단결은커녕 대표적 말기 증상인 적전분열과 민심이산의 단계로 나라를 밀어 넣고 있는 것이다.

앞으로 수백 년 동안 번성기를 누려야 할 나라의 운명을 이처럼 멸망의 단계로 이동시키는 데 대해 일개 보통 사람조차 안타깝고 불안하여 꿈자리가 뒤숭숭한데 정치권은 이를 아는지 모르는지 개인의 이득과 당파싸움에 여념이 없다.

시간이 없다. 일언이폐지一言以蔽之하고, 외적의 위협과 민족 내부의 분열을 동시에 방어하는 수단이 강구되어야 한다. 특정 이데올로기에 경도된 남북의 정치집단에 기대해서는 안 된다. 기회만 있으면 생트집을 잡아 반대하고, 분열하고 자중지란으로 공멸하는 기질은 고조선 이래 변함없는 우리의 DNA이다. 이 특질을 돌파하여 남북한 모든 백성에게 동시에 공감을 얻을 수 있는 큰 아젠다Agenda를 설정하여 그 깃발 아래 뭉치게 하는 수밖에 없다. 그 깃발은 "낙원국가 건설"이 적격이다.

북한 인민도, 남한의 주사파도 고개를 들면 바로 바라볼 수 있도록 깃발을 가능한 한 높다랗게 휘날리자. 그리고 이것은 통일을 앞당기는 첩경이 될 것이다. 지옥에서 낙원으로 탈출하는 것이야말로 북한 인민에게는 더 절실한 문제이기 때문이다.

이 일을 위해 먼저 남북한의 성도들이 합심하여 회개하고 간구하는 기도를 시작하기로 하자, 만물을 살피시는 하나님의 눈에 번쩍 뜨이도록. 그리고 이것이 하나님의 뜻이라면, 사탄이 나타나 아무리 방해공작을 시도해도 호응자를 못 구하면 일곱 길로 달아나서 얼씬도 못할 것이다.

2023년 11월

6월

● 말씀 읽기: 〈시편 1-150편〉

● 요절: 나의 영혼아, 잠잠히 하나님만 바라라. 무릇 나의 소망이 그로부터 나오는도다. 오직 그만이 나의 반석이 시요 나의 구원이시요 나의 요새이시니 내가 흔들리지 아니하리로다(시62:5-6).

● 농사 절기: 망종芒種, 하지夏至

● 행사: 6월 6일-현충일
　　　　숭조절崇祖節‥국민 회개일
　　　　　　　　순국선열, 애국지사, 민족영웅
　　　　　　　　추모 후손들께 감사, 포상
　　　　6월 25일-6·25동란 기념일‥동족상잔의 전쟁
　　　　　　　　희생자 추모, 기독교인 순교자
　　　　　　　　애도
　　　　음 5월 5일-단오

〈 명심보감 교훈 〉

높은 벼랑을 보지 않으면
어찌 굴러떨어지는 환난을 알겠으며,
깊은 못에 들어가 보지 않으면
어찌 빠져 죽는 환난을 알겠으며,
큰 바다를 보지 않으면
어찌 드센 풍파의 환난을 알리.

子曰,
不觀高崖면 何以知顚墜之患이며,
不臨深淵이면 何以知沒溺之患이며,
不觀巨海면 何以知風波之患이리요

오우가五友歌

윤선도

내 버디 몇치나 하니 수석水石과 송죽松竹이라
동산의 달오르니 긔 더욱 반갑고야
두어라 이 다섯 밧긔 또 더하야 머엇하리

구룸 빗치 조타 하나 검기를 자로 하다
바람소리 좋다하나 그칠 적이 하노매라
조코도 그츨 뉘 없기는 믈뿐인가 하노라

고즌 므슨 일로 퓌며서 쉬이 디고
풀은 어이하야 프르른 듯 누르나니
아마도 변티 아니할손 바회뿐인가 하노라

더우면 곳 퓌고 치우면 닙 디거늘
솔아 너는 얻디 눈서리를 모르나다
구천九泉의 블희 고든 줄을 글로 하야 아노라

나모도 아닌 거시 플도 아닌 거시
곳기는 뉘 시기며 속은 어이 뷔연난다
뎌러코 사시四時에 프르니 그를 됴하하노라

작은 거시 노피 떠서 만물을 다비춰니
밤듕의 광명이 너만 한니 또 잇느냐
보고도 말 아니 하니 내 벋인가 하노라

우국 충정가

남구만

동창이 밝았느냐 노고지리 우지진다
소 치는 아이 놈은 상기 아니 일었느냐
재 너머 사래 긴 밭을 언제 갈려 하나니

* 윤선도: 조선 중기 문신, 호는 고산孤山(한성, 1587~1671).
* 남구만: 조선 중기 문신(영의정 역임). (강릉, 1629~1711)

사명자 Ⅰ - 무엇을 갈망할까?

이스라엘아 들으라 우리 하나님 여호와는 오직 유일한 여호와이시니 너는 마음을 다하고 뜻을 다하고 힘을 다하여 네 하나님 여호와를 사랑하라. 오늘 내가 네게 명하는 이 말씀을 너는 마음에 새기고 네 자녀에게 부지런히 가르치며 집에 앉았을 때에든지 길을 갈 때에든지 누워있을 때에든지 일어날 때에든지 이 말씀을 강론할지니라. (신6:4-7)

하나님이여 사슴이 시냇물을 찾기에 갈급함 같이 내 영혼이 주를 찾기에 갈급하니이다. 내 영혼이 하나님 곧 살아계시는 하나님을 갈망하나니 내가 어느 때에 나아가서 하나님의 얼굴을 뵈올까. (시42:1-3)

사드락과 메삭과 아벳느고가 왕에게 대답하여 이르되 느부갓네살이여 우리가 이 일에 대하여 왕에게 대답할 필요가 없나이다. 왕이여 우리가 섬기는 하나님이 계시다면 우리를 맹렬히 타는 풀무불 가운데에서 능히 건져내시겠고 왕의 손에서도 건져내시리이다. 그렇게 하지 아니하실지라도 왕이여 우리가 왕의 신들을 섬기지도 아니하고 왕이 세우신 금 신상에게 절하지도 아니할 줄을 아옵소서. (단3:16-18)

삭개오가 서서 주께 여짜오되 주여 보시옵소서 내 소유의 절반을 가난한 자들에게 주겠사오며 만일 누구의 것을 속여 빼앗은 일이 있으면 네 갑절이나 갚겠나이다. 예수께서 이르시되 오늘 구원이 이 집에 이르렀으니 이 사람도 아브라함의 자손임이로다. 인자가 온 것은 잃어버린 자를 찾아 구원하려 함이니라. (눅19:8-10)

아버지께 참되게 예배하는 자들은 영과 진리로 예배할 때가 오나니 곧 이 때라. 아버지께서는 자기에게 이렇게 예배하는 자들을 찾으시느니라. 하나님은 영이시니 예배하는 자가 영과 진리로 예배할지니라. 여자가 이르되 메시야 곧 그리스도라 하는 이가 오실 줄을 내가 아노니 그가 오시면 모든 것을 우리에게 알려 주시리이다. 예수께서 이르시되 네게 말하는 내가 그라 하시니라. (요4:23-26)

먹보다도 더 검은
(423장) - 4절(먹모세나)

1. 먹보다도 더 검은 죄로 물든 마음이
   흰눈보다 더 희게 깨끗하게 씻겼네

(후렴)
   주의 보혈 흐르는데 믿고 뛰어 나아가
   주의 은혜 내가 입어 깨끗하게 되었네

2. 모든 의심 걱정과 두려움이 사라져
   슬픈 탄식 변하여 기쁜 찬송되었네

3. 세상 부귀영화와 즐겨하던 모든 것
   주를 믿는 내게는 분토만도 못하다

4. 나의 모든 보배는 저 천국에 쌓였네
   나의 평생 자랑은 주의 십자가로다

내 영혼의 그윽히 깊은데서

(412장) – 4절(내영,내맘,내영,이땅)

1. 내 영혼의 그윽히 깊은데서 맑은 가락이 울려나네
   하늘 곡조가 언제나 흘러나와 내 영혼을 고이 싸네

(후렴)
   평화 평화로다 하늘 위에서 내려오네
   그 사랑의 물결이 영원토록 내 영혼을 덮으소서

2. 내 맘속에 솟아난 이 평화는 깊이 묻히인 보배로다
   나의 보화를 캐내어 가져갈 자 그 아무도 없으리라

3. 내 영혼에 평화가 넘쳐남은 주의 큰복을 받음이라
   내가 주야로 주님과 함께 있어 내 영혼이 편히 쉬네

4. 이 땅 위의 험한 길 가는 동안 참된 평화가 어디 있나
   우리 모두 다 예수를 친구삼아 참평화를 누리겠네

[실화소설]

金八峰과 인민재판

오효진

1950년 7월 2일, 서울의 하늘은 마치 쪽물을 풀어놓은 듯이 파랬다. 특히 태평로 국립극장(옛 부민관) 앞에서 올려다본 하늘은 더욱 아름다웠다. 이 자리에선 인민재판이 열리고 있었는데, 하늘이 어찌나 파랗고 아름다웠던지 그 으스스한 분위기도 느낄 수 없을 정도였다.

팔봉 김기진은 이 인민재판의 피고로 끌려 나와 포박당한 채 서 있었다. 그는 죽음이 임박한 절박한 상황에서도 푸른 하늘을 쳐다보며 이렇게 중얼거렸다.

"젠장, 참 아름답구나!"

그 자신도, 자기가 인민재판의 피고로 서 있는 것이 도무지 실감나지 않았다. 팔봉은 지금 자기가 꼭 죽을 자리에 서 있는 것이라고 생각했다. 그런데도 이상하리만큼 마음이 가라앉아 있었다. 도봉산 기슭에서 서모와 함께 지내고 계신 팔순의 아버지도 생각나지 않았다. 누가 그립다거나 불쌍하다거나 하는 생각도 나지 않았다. 이 세상에 대한 애착도 없었다.

그때 멀리 한강 건너쯤에서 비행기가 우르르 쾅쾅하며 폭

격하는 소리가 들려왔다. 언뜻 이런 생각이 들었다.

'미국 비행기겠지. 여기 부민관 위로 날아와서 내가 서 있는 이 자리에다 폭탄이라도 하나 떨어뜨렸으면 좋겠다.'

그러나 그런 기적은 일어나지 않았다.

그는 사방을 둘러보았다. 정면에는 서울신문사가 보였다. 그는 그 신문사를 한참 쳐다봤다. 그리고 자기를 가까이서 둘러싸고 있는 군중을 찬찬히 훑어봤다. 모두 400~500명은 될 것 같았다. 오른편을 봤다. 200명은 될 것 같았다. 뒤에 있는 현관 앞에도 100명은 서 있는 것 같았다. 그는 그 가운데 자기가 아는 얼굴이 있는지 찬찬히 찾아봤다. 오늘 오전 여기 끌려오기 전에 호의적인 영감을 통해서 아내한테 자기가 인민재판에 걸려들었단 쪽지를 전달하고 주선해 줄 것을 부탁했었다. 그래서 혹시 가족이 와 있나 하고 열심히 찾아봤지만 아무도 없었다.

'내가 여기서 이렇게 아무도 모르게 죽나 보다.'

그때 언뜻 북에 가 있던 문인 이원조가 눈에 들어왔다. 이원조는 그와 눈이 마주치자 얼른 눈길을 거두고 몸을 감추는 것 같았다. 그 후 인민재판을 받는 도중 팔봉은 이원조를 다른 위치에서 또 한 번 봤다. 팔봉과 눈이 마주친 그가 곧 다른 데로 자리를 옮겼던 것 같다.

꿈만 같았다. 지금까지 살아온 것이 꿈만 같고, 여기 끌려와서 '날 죽여 줍쇼' 하고 서 있는 것도 꿈만 같고, 이틀 전 그자들에게 잡혀 온 것도 꼭 꿈만 같았다. 지나온 세상이, 아니 세상만사가 다 꿈만 같았다.

'그렇다. 꿈을 꾸며 살다가 꿈을 꾸듯 가나 보다.'

그러니까 그저께, 곧 6월 30일 저녁때였다. 피란을 가지 않고 서울에 남아있던 그의 가족은 서울이 인공치하에 떨어진 지 사흘 간을 불안한 가운데 보냈다. 그러다가 저녁때 웬 젊은이 여럿이 집에 찾아와 김기진을 찾았다. 그들은 주인이 집에 없다고 해도 돌아갈 생각을 하지 않고 기다리기만 했다.

팔봉은 당시 을지로에서 경영하던 인쇄소 애지사의 2층집에 살고 있었는데, 아래층 공장 사무실에 청년들이 찾아와 가지 않고 기다리고 있는 것이었다. 2층 살림집에 있던 팔봉은 처음엔 가족의 권유대로 어디로 피할까 생각하다가, 아무리 생각해봐도 자기가 죽을 죄를 지은 일이 없는 것 같아 그냥 집에 머뭇거리고 있었다.

그러나 어쩐지 그냥 넘어갈 것 같지가 않았다. 그래서 그는 만일의 사태에 대비하기 위해 집에서 입고 있던 평상복을 벗고, 고동색 양복 윗저고리와 허름하고 헐렁헐렁한 골프바지로 갈아입었다. 혹어디 끌려가게 되면 아무 데나 앉고 눕게 되는 일이 있어도 괜찮을 복장이었다. 그는 그런 생각을 하면서 옷을 갈아입고 앉아서 생각하니 이러지 말고 몸을 피하는 게 나을 것 같았다. 팔봉과 그의 아내는, 옆집 지붕 위로 달아나면 어떨까, 샛문으로 튀면 어떨까, 하고 이 궁리 저 궁리를 하다가 결국 커다란 옷장 속에 들어가 숨기로 했다. 아내가 요를 깔아놓고 베개까지 가져다 놓았다.

팔봉은 옷장 속에 들어가 누웠다. 참 한심하다는 생각이 들었다.

'나는 털끝만큼도 잘못한 일이 없다. 양심상 가책도 없다. 소위 인민공화국에서 반동분자라고 지탄할만한 일을 한 일도 없다. 그런데 내가 왜 이런 데 숨어 있어야 하나, 또 그렇지, 누가 여기 올라와서 나를 찾다가 없으면 당연히 이 옷장을 뒤질 것 아닌가. 내가 이렇게 양복까지 입고 누워 있다가 저자들한테 들키면 이게 얼마나 부끄러운 일인가.'

생각이 여기까지 미친 그는 벌떡 일어나 문을 열고 방으로 나와

앉았다. 그때가 자정쯤 된 것 같았다.

그때 방 밖이 갑자기 떠들썩했다. 아래층에서 기다리던 청년들이 우르르 2층으로 몰려 올라온 것이다. 아무도 없다고 만류하는 아내를 뿌리치며 청년들은 장지를 드르륵 열고 팔봉이 있는 방으로 들어섰다. 그리고 장총을 든 자가 총을 팔봉의 가슴에 들이대고 눈을 부라리며 소리쳤다.

"당신 누구요? 일어나, 손들어!"

총을 든 자는 치안대원 같았다. 팔봉은 그 자의 호통을 들으며 엉거주춤 일어나 손을 들었다. 치안대원 옆에서 흰 양복을 입고 있던 자가 좀 낮고 묵직한 소리로 같은 말로 물었다.

"당신은 누구요? 이 집 주인이오?"

팔봉의 아내는 손을 저으며 그들에게 말했다.

"아니에요, 이 분은 아니에요!"

그러나 팔봉은 태연자약하게 말했다.

"내가 이 집 주인이오."

이 말이 떨어지자 흰 양복이 말했다.

"내려갑시다. 당신 보려고 우리가 얼마나 기다렸는지 아시오?"

그 길로 그는 남대문 협성인쇄소로 끌려갔다. 당시 남로당 중구 당부 임시 사무소로 쓰고 있던 건물이었다. 그는 거기서 조사 같은 조사도 받지 않고 이튿날인 7월 2일 인민재판에 부쳐진 것이다.

팔봉이 인민재판을 받기 위해 부민관 앞에 끌려오기 전, 그는 그의 인쇄소에서 일하던 이영환과 함께 팔을 뒤로 해서 결박당한 채로 시가행진을 해야 했다. 흰 광목에 급히 '인민재판소'라고 쓴 플래카드가 행렬의 맨 앞에 섰다. 그 뒤에 팔봉과 이영환을 세웠다.

그들의 양옆에는 팔봉의 인쇄소에서 일하던 직공 12명을 6명씩 두 줄로 나누어 서게 했다. 그 뒤에 일반 군중이 따라왔다. 그리고 그들은 플래카드 앞에 메가폰을 쥔 젊은이를 앞세우고 "인민재판! 인민재판!" 하고 외치도록 했다. 그러면 뒤따르던 사람들이 "인민재판! 인민재판!" 하고 복창했다.

이렇게 우스운 모습을 한 행렬은 남대문을 출발해서 세종로 네거리, 동아일보사 앞, 서울신문사 앞을 거쳐, 죽음의 그림자가 짙게 드리워진 국립극장 앞에 다다르게 된 것이다.

그들에게 끌려다니면서 팔봉은 생각했다.

'이제 죽나 보다, 아아 이제는 최후다. 마침내 내가 이렇게 죽는구나. 지금 보면 저 자들이 나를 죽이려고 하는 게 분명하다. 이제 살기는 틀렸다. 나를 구해줄 사람은 아무도 없구나. 그렇다, 이왕 죽을 바엔 깨끗이 죽자. 비열하게 생명을 구걸하지 말자. 내가 눈물을 흘리며 생명을 구걸한다 해도 놈들은 나를 살려주지 않을 것이다. 그러니 깨끗하게 죽자.'

그는 끌려다니면서 계속해서 입속으로 되뇌었다.

"깨끗하게 죽자! 아무도 미워하지 말자! 아무도 원망하지 말자! 내가 50도 되기 전에 일찍 죽는 것을 한탄하지도 말자! 이것을 내가 죽는 그 최후의 순간까지 절대로 잊지 말자!"

그는 당시 48세였다.

이렇게 생각이 정리되자, 그는 인민재판을 받는 장소에 끌려와서도 입속으로 주문처럼 계속해서 이 세 가지 명심불망銘心不忘 사항을 외웠다.

"아무도 미워하지 말자! 원망하지 말자! 한탄하지 말자! 미워하지 말자! 원망하지 말자! 한탄하지 말자! …"

그는 다시 하늘을 보았다. 흰 구름이 조금 흩어져 있었지만 넓고 넓은 푸른 하늘은 여전히 아름다웠다. 비취같이 파란 하늘 아래 높이 솟아 있는 북악산, 다시 그 뒤로 불쑥불쑥 등에 업힌 것처럼 가까이 서 있는 삼각산, 그는 전과 조금도 다름없이 아름다운 하늘과 산들을 보면서 또 쉬지 않고 명심불망 사항을 외었다.

"미워하지 말자! 원망하지 말자! 한탄하지 말자! …"

이상하게도 마음이 고요하게 가라앉았다.

'그래, 내가 이렇게 죽는구나. 이렇게 아름다운 하늘과 산을 보며 이렇게 죽는구나. 그러니 깨끗하게 죽자.'

그는 죽음의 그림자가 한 발짝 한 발짝 다가오는 것을 느꼈다. 이때 웬 젊은이가 현관 앞 계단으로 올라가서 연설을 시작했다.

"여러분! 친애하는 노동자, 학생, 시민 여러분!"

연설하는 젊은이를 가만히 보니, 작년까지 팔봉이 경영하는 인쇄소에서 일하다가 자진해서 나간 식자공 차성태였다.

사실, 팔봉이 이 자리에 서게 된 건 인쇄소 직공들이 그를 고발했기 때문이었다. 얼마 전 좌익 성향의 젊은 직공들이 무슨 삐라를 몰래 인쇄하다 적발돼 5명이 경찰에 잡혀간 일이 있었다. 그 중 3명은 팔봉이 책임을 지겠다고 보증을 서고 데리고 나왔지만, 두 사람은 경찰이 내주질 않았다. 나이 사십이 다 된 김봉두라는 사람은 경찰에서 자기가 남로당 전라북도 책임자라고 자백을 했기 때문에 경찰에서 내주지 않았고, 이인회는, 경찰이 하는 말이, 그가 이랬다저랬다 해서 앞뒤가 맞지 않으니 아무리 주인이 보증을 서겠다고 해도 안 되겠다고 해서, 그냥 경찰서에 두고 온 적이 있었다. 그런데 이 두 사람이, 인민군이 서울을 점령한 이후인 6월 28일 감옥에서 석

방돼 나와서 팔봉을 당에 고발했던 것이다. 그래서 인쇄소 직공 열두 명을 불러다가 팔봉을 둘러싸고 시가행진을 하게 했던 것이다.

차성태의 연설은 계속됐다.

"우리가 오늘날 8·15 이후 5년간 갖은 신고를 감내하면서 지하투쟁을 하여오던 중에 혁혁한 인민군의 광휘 있는 승리로 말미암아서…."

그는 주먹을 내두르며 선동연설을 시작했다. 그러나 팔봉을 대놓고 욕하거나 고발하지는 않았다. 그의 선동연설은 약 5분간 계속됐다.

그의 연설이 끝나고 곧 인민재판이 시작됐다. 흰 양복저고리에 검은 바지를 입은 청년이 앞으로 나와 사회를 봤다.

"지금으로부터 인민재판을 개정합니다."

처음 열리는 인민재판이라 사람들도 어리둥절했다.

개정 선언 뒤에 아래위 검은 양복을 입은 청년이 나와서 팔봉의 곁에 섰다. 검사격인 사람이었다. 그는 부스럭부스럭 주머니에서 원고를 꺼내 논고문을 떠듬떠듬 읽어 내려갔다.

"피고인 김기진은 과거에 좌익운동을 하던 자로서 8·15를 전후해서 변절했고,"

여기까지를 듣고 팔봉은 재빨리 생각했다.

'그래, 맞는 말이다. 한때 마르크스-레닌주의가 우리 조국을 구할 수 있다고 생각했던 건 사실이다. 그리고 프롤레타리아 문학운동을 열심히 했던 것도 사실이다. 그런 내가, 내가 입이 마르게 칭찬했던 바로 그 공산주의한테 죽는구나. 그러나 내가 공산주의를 졸업한 건 그것이 조국을 구할 수 없다고 판단했기 때문이다. 그게 죽을 죄란 말이냐,'

논고는 떠듬떠듬 계속됐다.

"자신이 직접 밀정행위를 해 온 것은 물론이요."

'그건 아니다. 천부당만부당한 일이다. 나는 당신들이 노동조합 운동을 하는 것을 하라거나 말라거나 한 일이 없다. 삐라사건이 일어났을 때마다 경찰이 들이닥치면 오히려 당신들을 변호했고, 당신들이 경찰에 잡혀갔을 땐 내가 보증을 서고 데리고 나왔다. 아무리 인민재판이라지만 이건 너무하다.'

"그뿐만 아니라 경찰의 밀정을 자신이 경영하는 공장에 종업원으로 잠입시켜서 많은 동지를 투옥케 하였다."

'이것도 어불성설이다. 너희가 내 옆에 묶어 세운 영환이를 두고 하는 말이구나. 영환이는 경찰의 밀정이 아니다. 오히려 당신들의 사정을 나한테 좋게 말해 온 사람이다.'

"또 피고인 김기진은 선량한 노동자를 착취했으니 마땅히 죽어야 한다. 따라서 이 검사는 인민의 이름으로 사형을 구형한다."

'사형! …그래 내 그럴 줄 알았다.'

팔봉은 명심불망 세 가지를 다시 외기 시작했다.

"미워하지 말자. 원망하지 말자. 한탄하지 말자. 그래, 깨끗이 죽자."

논고가 끝나자 사회자가 나와서 인민재판을 진행했다.

"이제 논고를 들었으니, 피고인의 죄를 증명할 증인이 있으면 나와서 증언하시오."

말이 끝나자마자 미리 짜맞춘 것처럼 자칭 증인이란 사람이 올라왔다. 검사도, 증인도, 팔봉이 전에 본 일이 없는 사람이었다.

증인은 앞에 나와 겁에 질린 사람처럼, 아니면 거짓말이 제대로 나오지 않아서 그랬는지, 기어서 들어가는 소리로 말했다.

"저 사람은 아주 나쁜 사람입니다. 내가 저 사람네 공장에 직공으로 다니고 있었는데 저 사람이 경찰에 고발해서 서대문감옥에서 2년 반이나 고생을 하다가 이번에 인민군의 승리로 겨우 나오게 됐습니다."

그는 여기까지 증언을 하고, 뒤에서 시킨 사람의 눈치를 본 다음, 목청을 높여 큰소리로 증언을 끝마쳤다.

"우리 노동자가 이렇게 되고, 그동안 착취당한 것이 다 이놈 때문입니다!"

그는 '이놈 때문입니다'하고 말할 땐 팔봉을 향해 손가락질을 했다.

팔봉은 생면부지의 청년이 자기를 논죄하는 걸 보고 눈을 감고 명심불망을 또 외었다.

"미워하지 말자. 원망하지 말자. 한탄하지 말자…."

팔봉은 혼자 생각해 봤다.

'이게 소위 인민재판이라는 것이니 변호사는 없을 것이다. 그러나 아무리 인민재판이라고 해도 나한테 변명의 기회는 줄지 모른다. 그러면 나는 뭐라고 말할 것인가.'

생각은 계속 이어졌다.

'아무런 변명도 하지 말자. 누추한 변명일랑 하지 말자. 이 자들은 지금 나를 죽음의 골짜기로 몰아넣고 있다. 내가 누추한 변명을 늘어놓는다고 해도 나를 살려줄 리는 없다. 사람만 추해질 뿐이다. 그래 깨끗이 죽자.'

다행히 그들은 이른바 피고인에게 변명의 기회조차 주지 않았다.

사회자가 다시 등단했다.

"그러면 판사님께서 판결을 내리시겠습니다."

이번에도 자칭 판사라는 사람이 등장해서 판결문을 낭독했다.

"피고 김기진 일명 김팔봉과 이영환은 검사가 논고한 바와 같은 사실의 죄악을 범해 온 자들이요, 이들의 범행에 관해서는 지금 감옥에서 해방된 여러 동지 가운데, 직접 이 두 피고인의 범행으로 말미암아 2년 반 동안이나 철창생활을 하고 나온 동지의 증언이 있었고, 피고 이영환은 경영자에게 붙어서 신분이 동일한 동지들을 경영자에게 팔아먹었으니 더욱이 고려할 여지가 없다. 그러므로 두 피고인에 대하여 검사의 구형과 같이 사형을 언도한다. 이에 판결함."

생각한 대로 사형판결이 나왔다. 팔봉은 기도의 덕인지 마음이 담담했다. 사회자는 최후로 할 말이 있으면 해보라는 말도 하지 않았다. 오히려 사회자는 이렇게 말했다.

"여러분, 어떠시오? 검사의 논고와 판사의 판결에 대해서 의견이 있거든 말들 해보시오!"

군중은 괴괴했다. 사회자가 다시 다그쳤다.

"여러분, 어떠시오?"

이 대목에서 '옳소'와 함께 박수 소리가 터져 나와야 될 듯싶었다. 그러나 아무도 소리를 지르지 않았다. 잠시 침묵이 흘렀다. 30초는 지났을 것 같았다. 그래도 아무도 나서지 않으니까 사회자가 다시 재촉했다.

"여러분 어떠시오?"

사회자의 재촉을 받고 맨 앞줄에 서 있던 깡마른 청년이 조그맣게 소리쳤다.

"좋소!"

그러면서 그는 손바닥을 두들겼다. 팔봉이 얼른 그를 봤다. 그는 하이칼라 머리를 하고 있었고, 와이셔츠 없이 검은 양복을 입고 있었다.

팔봉은 누가 좋다고 사형에 찬성하는가를 남의 일처럼 지켜보며 숫자를 헤아려 봤다.

그가 "좋소"하고 말문을 터줘서 그런지 주위에 있던 40~50명이 박수를 쳤다. 박수 소리에 묻혀 "옳소!"하는 소리도 들렸다.

팔봉은 침착하게 또 생각했다.

'500명 중에 50명이면 십분의 일이다. 고작 십분의 일이 찬성했는 데도 나는 인민의 이름으로 죽는구나.'

팔봉은 하늘을 올려보았다. 역시 파랬다. 아름다웠다. 그는 기도했다. 깨끗하게 죽자고.

"미워하지 말자. 원망하지 말자. 탓하지 말자. …깨끗하게 죽자."

어디선가 이런 소리가 들렸다.

"총탄도 아깝다. 때려죽여라."

이 소리가 들려온 건 그의 기도가 끝나기도 전이었다. 그의 등 뒤에서 건장하게 생긴 젊은이가 몽둥이를 들고나왔다. 망나니 같은 사내가 걸어 나오는 것을 보고 구경꾼들은 잠시 긴장했다. 그러면서도 설마 때려죽이기야 할까 하는 생각들이었다. 그러나 그 망나니는 인정사정 두지 않고 팔봉의 머리를 힘껏 내리쳤다. 순간 붉은 피가 분수처럼 솟구쳤다. 구경꾼들의 입에서 "어어!" 하는 소리가 한꺼번에 터져 나왔다.

팔봉은 이 한 방을 얻어맞고 정신을 잃었다. 사람들은 눈을 휘둥그레 뜨고 지켜봤다. 쩍 벌어진 입을 다물 줄 몰랐다.

팔봉은 이 일격으로 정신을 잃었다. 그 후의 일은 그의 기억 속에 남아있지 않았다. 그러나 쓰러지지는 않았다. 비틀거리긴 했지만 곧 정신을 가다듬고 그 자리에 그대로 서 있었다. 그러자 몽둥이를 든 청년은 겁먹은 얼굴이 돼 가지고 머리통을 또 한 번 세게 내리쳤다. 팔봉은 두 번째 타격을 받고 비틀거리며 넘어졌다. 그렇게 맞고 넘어져서도 그는 죽지 않고 버르적거렸다. 그러더니 금방 다시 일어나 앉아서 처참한 표정으로 앞을 응시했다. 그러고는 무얼 찾는 것처럼 두리번거렸다. 그는 근처에 있던 막대기를 주워 들고는 놀랍게도 다시 우뚝 서서 꼭 복수라도 할 사람처럼 앞으로 뚜벅뚜벅 세 발짝을 걸어 나왔다. 전혀 깨끗하게 죽자고 주문을 외던 사람 같지 않았다. '이놈들 내가 너희를 복수하고야 말 테다!' 하고 어금니를 부드득 가는 사람 같았다. 부릅뜬 눈은 금방이라도 튀어나올 것 같았다.

그걸 보고 다른 두 명의 건장한 청년이 겁먹은 데다 당황한 표정으로 몽둥이를 들고 나왔다. 그러곤 머리와 몸통을 여러 차례 내리쳤다. 이렇게 몰매를 맞은 팔봉의 몸뚱이는 그제야 움직이지 않고 축 늘어졌다.

팔봉의 옆에 서 있던 이영환은 머리를 한 대 호되게 얻어맞고 이내 죽어버렸다. 그들은 총살형이 아니라 타살형을 선고받았던 것이다.

'죄수' 두 사람이 죽어 나자빠지자, 박수치던 사람들이 우르르 몰려들어 죽은 사람들의 다리를 각각 밧줄로 묶었다. 그리고 그 한끝을 끌고 거리 행진을 나섰다. 시체들은 피를 흘리며 질질 끌려다녔다. 그들은 아까 인민재판이 벌어지기 전에 산 사람을 끌고 다니며 행진했던 거리를 이제는 그 사람들을 죽여가지고 끌고 다녔다. 그들은 "인민재판! 인민재판!" 하고 목이 터져라 외치고 다녔다.

끌려다니는 시체들은 끊임없이 피를 흘렸다. 시체를 끌고 다니다가 어쩌다 뒤집혔을 때 보니 머리통 뒤쪽과 등판때기 그리고 꼬리뼈 부분이 갈려 나가고 뭉개져서 뼈가 허옇게 드러나 있었다. 팔봉이 입고 나갔던 고동색 양복 윗저고리와 골프바지의 뒷부분은 찢기고 갈려 나가 갈기갈기 찢어져 있었다.

그런데도 시체를 끌고 다니던 군중은 피를 보고 더 흥분해서 고래고래 소리를 질러 재꼈다.

"인민재판! 인민재판!"

그들은 인민공화국에 반역하면 당신들도 이 꼴이 된다고 시민들에게 위협적으로 말하는 것 같았다. 아닌 게 아니라 거리를 지나던 시민들은 이 모습을 보고 기가 질려 머리를 움츠렸다.

시위대는 저녁때가 다 돼서야 시체들을 수도청 앞에 버리고 뿔뿔이 흩어졌다. 내무서원이 시체를 내다 버리라는 명령을 받고 나와, 인부들을 시켜 팔봉과 이영환의 시체를 트럭에 싣게 했다. 그때 인부 하나가 중얼거렸다.

"어, 하나는 아직 살아있는 뎁쇼."

인부들이 시체를 다 싣자 내무서원이 운전수에게 말했다.

"의전병원으로 갑시다."

그러나 의전병원에선 그곳이 인민군 전문병원이기 때문에 이런 환자는 받을 수 없다고 했다. 그때 트럭에 실린 시체 하나가 뭐라고 중얼거리는 소리가 들렸다. 아까 꿈지럭거리던 사람이었다. 그는 "물 물"하고 물을 찾았다. 내무서원이 약국에 가서 물을 한 대접 얻어다가 입에 대주었다. 그는 물을 조금 먹었는데 반은 넘어가고 반을 흘렸다. 이 사람이 바로 팔봉이었다. 그는 그 모진 매를 맞고, 길바닥에 끌려다녔지만 다행히 실낱같은 목숨이 붙어 있었다.

내무서원은 팔봉을 동대문경찰서 유치장에 인계했다. 이영환은 시체로 처리해 내다버렸다. 팔봉은 그 유치장에서 나흘 동안이나 아무것도 먹지 않고 죽은 것처럼 누워 있었다.

7월 6일, 팔봉은 문득 눈을 떴다. 파란 하늘이 보였다. 2층집 지붕도 보였다. 이튿날인 7월 7일, 그는 집으로 돌아가도 좋다는 허락을 받고 경찰서 밖으로 나왔다. 파란 하늘에서 눈부신 햇살이 쏟아져 내렸다.

"아, 나는 살아 있구나!"

팔봉은 생명의 환희를 느끼며, 자기 발로 걸어서 종묘 앞까지 가서, 청계천의 나무다리를 건너고, 을지로3가 전찻길로 나와선 모퉁이를 돌아 그의 인쇄소로 갔다. 꽤 긴 거리를 걸어오는 동안, 그는 배가 고프다거나, 어지럽다거나, 걷기 힘들다거나 하는 생각이나 증세를 전혀 느낄 수 없었다.

도무지 있을 수 없는 일이었다. 그가 어떻게 살 수 있었으며, 4일간을 아무것도 먹지 않고 있다가 깨어나서 무슨 기운으로 그 먼 거리를 걸어올 수 있었을까.

팔봉도 현관문을 드르륵 열며 이런 생각을 했다.

'아, 이게 꿈이 아닌가!'

사무실에 있던 큰아들 인환이 문을 열고 들어서는 아버지를 보고 깜짝 놀라 소리쳤다.

"아이고, 아버지!"

그는 아버지를 얼른 업고 이층으로 올라갔다. 이층 살림집에 있던 아내와 셋째 아들 용한이 또 놀라 소리쳤다.

"아이고, 여보!"

"아버지이!"

* 오효진: 교사, 언론인, 전 청원군수(청주, 1943~　).

7월

● 말씀 읽기: 〈 잠언 – 아가서 〉

● 요절: 여호와를 경외하는 것이 지식의 근본이거늘 미련한 자는 지혜와 훈계를 멸시하느니라. 내 아들아 네 아비의 훈계를 들으며 네 어미의 법을 떠나지 말라. 이는 네 머리의 아름다운 관이요, 네 목의 금 사슬이니라 (잠1:7-9)

● 농사 절기: 소서小暑, 대서大暑

● 행사: 7월 17일–제헌절‥좋은 국호, 태극기,
　　　　　　　　　애국가 주심을 감사
　　　　　　　　　훌륭한 헌법,
　　　　　　　　　자유민주주의 국체 주심 감사

〈 명심보감 교훈 〉

오이씨를 심으면 오이를 얻고
콩을 심으면 콩을 얻으며,
하늘의 그물이 넓고 넓어 보이지는 않으나 새는 법은 없다.

種瓜得瓜요
種豆得豆니,
天網이 恢恢하여 疎而不漏니라

제3옥에서 단테와 친구가 나눈 슬픈 대화
단테의 서사시 신곡-지옥편 제6곡에서 발췌

단테 Dante Alighieri

내가 그에게 대답했다.
"치아코, 자네의 비참한 꼴을 보니 마음이 무거워져 눈물
이 나는구나. 하나 만약 알고 있다면 가르쳐다오, 분열된 도
시의 누가 이곳에 떨어져 올 것인지? 누구 올바른 자가 있는
지? 이유를 말해다오, 왜 피렌체가 이토록 불화와 반목에 사
로잡혀 있는지를."

그러자 그가 대답했다.
"오랜 대립 끝에 비참한 유혈을 보게 되리라, 야인인 '白'당
이 마구 매도하여 상대인 '黑'당을 내몰 것이다. 그리고 태양
이 3년을 도는 동안 이 '白'당이 몰락하고, 지금 교묘하게 그
사이를 헤엄치고 있는 인물이 득세하여 그의 힘으로 상대인
'흑'당이 제패하게 되면 이번에는 오랜 동안 큰소리치며 다
른 당을 압박할 게 틀림없다. 아무리 분개해 봤자 소용없어.
오만, 질투, 탐욕 이 세 가지가 시민들의 마음에 옮겨붙은 불
꽃이니까."
하며 한심스러워 눈물이 날 지경의 이야기를 끝냈다.

그래서 내가 그에게 말했다.

"조금만 더 가르쳐 다오, 미안하지만 조금만 더 들려다오. 그토록 고결했던 파리나타며 덱기아이오 야곱 모스카 등 좋은 정치를 하려고 있는 힘을 다 짜내던 사람들은 어디 있는지, 내게 알려다오. 하늘이 그들을 위로하고 있는지 지옥이 괴롭히고 있는지 그것이 알고 싶어 가슴이 죄는 것 같구나."

그러자 그가 말했다.

"그들은 더 검은 영혼들 속에 있다. 갖가지 죄의 무게로 그들은 그런 밑바닥에 빠져 있다. 만약 거기까지 내려가면 자네는 그들을 만날 수 있으리라. 더 이상은 대답하지 않겠다."

이렇게 말하고 나서 똑바로 보던 눈을 사팔뜨기처럼 하고 잠시 나를 바라보더니 고개를 숙인 채 다른 장님들이 있는 곳으로 곤두박질쳐 쓰러져 갔다.

천국문 입구에서 성 베드로의 시문試問
단테의 서사시 신곡-천국편 제24곡에서 발췌

그러자 곧 여인이 대답했다.

"아아, 영특한 사람의 영원한 빛이여, 우리의 주님은 이 극락의 열쇠를 지상으로 가져와 그 열쇠를 당신에게 맡기셨습니다. 아무쪼록 당신 마음대로 신앙에 관하여 이 사람을 자세히 시험하세요. 그 신앙이 있었기 때문에 당신은 바다 위를 걸으실 수 있었습니다. 이 사람의 믿음, 소망, 사랑이 옳은 것인지 당신의 눈엔 분명할 것입니다. 당신의 눈은 만물이 보이는 곳에 쏠려 있으니까요."

마치 학생이 묵묵히 교수의 질문을 기다리며 결론을 얻기 위해서가 아니라 반론을 하려고 준비하듯, 나는 그녀가 말하는 동안 온갖 이론을 마음속으로 준비했다. 이러한 심사에서 시험관에게 거침없이 대답하기 위한 준비였다.

"착실한 그리스도교도로서 그대 생각을 말하라. 신앙이란 무엇인가?"

그래서 나는 얼굴을 들어 먼저 이 말을 한 빛을 보고 다음에 베아트리체를 돌아보았다. 그러자 그녀는 마음속 샘에서 물을 퍼내듯 얼른 나에게 눈짓을 해주었다.

"위대한 전사 앞에서 내게 발언을 허락하신 성총이여."
하고 나는 입을 열었다.

"원컨대 내 생각을 명확하게 표현할 수 있도록 해주소서."
그리고 나는 계속했다.

"아버지여, 당신과 더불어 로마를 정도로 향하게 한 당신의 귀중하신 형제가 진실의 붓으로 적으셨듯이, 신앙이란 소망의 실체요, 아직 보지 못한 것의 논증입니다. 이것이 신앙의 본체인가 합니다."

그러자 이렇게 말하는 소리가 들렸다.
"왜 그가 그것을 먼저 실체로서 포착하고 이어서 논증으로 이해했는지, 그 점을 잘 알고 있으면 그대의 대답은 옳은 것이다."

* 단테Dante Alighieri: 철학자, 시인. 13년간(1308~1321) 신곡 집필(피렌체, 1265-1321).

천국에서 만나고 싶은 선배님들

(에녹은) 므두셀라를 낳은 후 삼백 년을 하나님과 동행하며 자녀들을 낳았으며, 그는 삼백육십오 세를 살았더라. 에녹이 하나님과 동행하더니 하나님이 그를 데려가시므로 세상에 있지 아니하였더라. (창5:22~24)

요셉이 그의 형제들에게 이르되 나는 죽을 것이나 하나님이 당신들을 돌보시고 당신들을 이 땅에서 인도하여 내사 아브라함과 이삭과 야곱에게 맹세하신 땅에 이르게 하시리라 하고 요셉이 또 이스라엘 자손에게 맹세시켜 이르기를 하나님이 반드시 당신들을 돌보시리니 당신들은 여기서 내 해골을 메고 올라가겠다 하라 하였더라. (창50:24-25)

이에 여호와의 종 모세가 여호와의 말씀대로 모압 땅에서 죽어 벳브올 맞은편 모압 땅에 있는 골짜기에 장사되었고 오늘까지 그의 묻힌 곳을 아는 자가 없느니라. (신34:5-6)

두 사람이 길을 가며 말하더니 불수레와 불말들이 두 사람을 갈라놓고 엘리야가 회오리바람으로 하늘로 올라가더라. (왕하2:11)

내가 참으로 너희에게 이르노니 여기 서 있는 사람 중에 죽기 전에 하나님의 나라를 볼 자들도 있느니라. 이 말씀을 하신 후 팔 일쯤 되어 예수께서 베드로와 요한과 야고보를 데리고 기도하시러 산에 올라가사 기도하실 때에 용모가 변화되고 그 옷이 희어져 광채가 나더라. 문득 두 사람이 예수와 함께 말하니 이는 모세와 엘리야라 영광중에 나타나서 장차 예수께서 예루살렘에서 별세하실 것을 말할새 베드로와 및 함께 있는 자들이 깊이 졸다가 온전히 깨어나 예수의 영광과 및 함께 선 두 사람을 보더니. (눅9:27~32)

　죽은 자의 부활을 논할진대 하나님이 너희에게 말씀하신바 나는 아브라함의 하나님이요 이삭의 하나님이요 야곱의 하나님이로라 하신 것을 읽어보지 못하였느냐 하나님은 죽은 자의 하나님이 아니요 살아있는 자의 하나님이라 하시니 무리가 듣고 그의 가르침에 놀라더라. (마22:31~33)

주가 맡긴 모든 역사

(240장) – 4절 (주하이영)

1. 주가 맡긴 모든 역사 힘을 다해 마치고
   밝고 밝은 그 아침을 맞을 때
   요단강을 건너가서 주의 손을 붙잡고
   기쁨으로 주의 얼굴 뵈오리

(후렴)
   나의 주를 나의 주를 내가 그의 곁에 서서 뵈오며
   나의 주를 나의 주를 손의 못 자국을 보아 알겠네

2. 하늘나라 올라가서 주님 앞에 절하고
   온유하신 그 얼굴을 뵈올 때
   있을 곳을 예비하신 크신 사랑 고마워
   나의 주께 기쁜 찬송 드리리

3. 이 세상을 일찍 떠난 사랑하는 성도들
   나를 맞을 준비하고 있겠네
   저희들과 한소리로 찬송 부르기 전에
   먼저 사랑하는 주를 뵈오리

4. 영화로운 시온성에 들어가서 다닐 때
   흰옷 입고 황금길을 다니며
   금거문고 맞추어서 새 노래를 부를 때
   세상 고생 모두 잊어버리리라

주 안에 있는 나에게

(370장) – 4절(주그내내)

1. 주 안에 있는 나에게 딴 근심 있으랴
   십자가 밑에 나아가 내 짐을 풀었네

(후렴)
   주님을 찬송하면서 할렐루야 할렐루야
   내 앞길 멀고 험해도 나 주님만 따라가리

2. 그 두려움이 변하여 내 기도 되었고
   전날의 한숨 변하여 내 노래 되었네

3. 내 주는 자비하셔서 늘 함께 계시고
   내 궁핍함을 아시고 늘 채워 주시네

4. 내 주와 맺은 언약은 영불변하시니
   그 나라 가기까지는 늘 보호하시네

[名演說 산책 1]

새로운 자유의 탄생

에이브러햄 링컨

지금으로부터 87년 전 우리의 선조들은 이 대륙에서 자유 속에 잉태되고 만인萬人은 모두 평등하게 창조되었다는 명제에 봉헌된 한 새로운 나라를 탄생시켰습니다.

우리는 지금 거대한 내전內戰에 휩싸여 있고 우리 선조들이 세운 나라가, 아니 그렇게 잉태되고 그렇게 봉헌된 어떤 나라가, 과연 이 지상에 오랫동안 존재할 수 있는지 없는지를 시험받고 있습니다. 오늘 우리가 모인 이 자리는 남군과 북군 사이에 큰 싸움이 벌어졌던 곳입니다. 우리는 이 나라를 살리기 위해 목숨을 바친 사람들에게 마지막 안식처가 될 수 있도록 그 싸움터의 땅 한 뙈기를 헌납하고자 여기 왔습니다. 우리의 이 행위는 너무도 마땅하고 적절한 것입니다.

그러나 더 큰 의미에서, 이 땅을 봉헌하고 성화하며 거룩하게 하는 자는 우리가 아닙니다. 여기 목숨 바쳐 싸웠던 그 용감한 사람들, 생존하신 분들과 돌아가신 분들이, 이미 이곳을 신성한 땅으로 만들었기 때문에 우리의 미약한 힘으로는 거기에 더 보태거나 뺄 것이 없습니다. 세계는 오늘 우리가 여기 모여 무슨 말을 했는가를 별로 주목하지도, 오래 기억하지도 않겠지만 이 용감한 분들이 여기서 수행한 일이 어떤 것이었던가는 결코 잊지 않을 것입니다.

그들이 싸워서 그토록 고결하게 진전시킨, 그러나 미완未完으로 남긴 일을 수행하는데 헌납되어야 하는 것은 오히려 우리들 살아있는 자들입니다. 우리 앞에 남겨진 그 미완의 큰 과업을 다 하기 위해 지금 여기 이곳에 바쳐져야 하는 것은 우리들 자신입니다. 우리는 그 명예롭게 죽어간 이들로부터 더 큰 헌신의 힘을 얻어 그들이 마지막 신명을 다 바쳐 지키고자 한 대의大義에 우리 자신을 봉헌하고, 그들이 헛되이 죽어가지 않았다는 것을 우리 마음에 굳게 새길 것입니다. 하나님의 가호 아래 이 나라는 새로운 자유의 탄생을 보게 될 것이며, 국민의, 국민에 의한, 국민을 위한 정부는 이 지상에서 결코 사라지지 않을 것입니다.

A New Birth of Freedom

Abraham Lincoln's Gettysburg Address
November 19, 1863

Four score and seven years ago our fathers brought forth on this continent, a new nation, conceived in liberty, and dedicated to the proposition that all men are created equal.

Now we are engaged in a great civil war, testing whether that nation, or any nation so conceived and so dedicated, can long endure. We are met on a great battlefield of that war. We have come to dedicate a portion of that field, as a final resting place for those who here gave their lives that that nation might live. It is altogether fitting and proper that we should do this.

But, in a larger sense, we cannot dedicate-we cannot consecrate ─we connot hallow-this ground. The brave men, living and dead, who struggled here, have consecrated it, far above our poor power to add or detract. The world will little note, nor long remember, what we say here, but it can never forget what they did here.

It is for us the living, rather, to be dedicated here to the unfinished work which they who fought here have thus far so nobly advanced. It is rather for us to be here dedicated to the great task remaining before us-that from these honored dead we take increased devotion to that cause for which they gave the last full measure of devotion-that we here highly resolve that these dead shall not have died in vain-that this nation, under God, shall have a new birth of freedom-and that government of the people, by the people, for the people, shall not perish from the earth.

* 이 연설문은 미국 제16대 대통령 재임(1861.3~1865.3) 기간

중, 남북전쟁(1861.4~65.4)이 한창 진행되고 있던 1863년 11월 19일 혈전지인 게티즈버그(펜실베이니아 주)의 전몰자 국립묘지 봉헌식에서 행한 연설이다.

약 2분간 소요된, 총 266단어 분량의 짧은 연설 속에 미국이라는 나라의 명분을 간결하게 압축하고, 미국 역사의 대사건인 남북전쟁의 의미, 자유의 가치, 민주 정부의 원칙을 그 핵심에서 포착, 제시하고 있다는 평가이다.

이후 링컨 대통령은 재선에 승리하여 1865년 3월 4일 두 번째 임기 취임식을 거행하고, 그로부터 한 달 여 후, 남북전쟁을 승리로 이끈(1865.4.9.) 직후인 1865년 4월 14일 애석하게도 암살자의 총을 맞고 다음 날 운명했다.

* 에이브러햄 링컨Abraham Lincoln: 미국 16대 대통령(1809~1865).

8월

- 말씀 읽기: 〈이사야 – 예레미아 애가〉

- 요절: 그가 찔림은 우리의 허물 때문이요 그가 상함은 우리의 죄악 때문이라. 그가 징계를 받으므로 우리는 평화를 누리고 그가 채찍에 맞으므로 우리는 나음을 받았도다. (사53:5)

- 농사 절기: 입추立秋, 처서處暑

- 행사: 8월 15일– 광복절
  건국절建國節‥국민 회개일
  나라를 사랑하고,
  충성을 결심하기
  애국의 기준– 화랑 애국정신 상기想起하여 계승
  - 사군이충事君以忠‥지도자를 충성으로 섬김
  - 사친이효事親以孝‥어버이를 효도로 섬김
  - 교우이신交友以信‥벗을 믿음으로 사귐
  - 임전무퇴臨戰無退‥전장에서 물러나지 않음
  - 살생유택殺生有擇‥함부로 살생하지 않음

〈 명심보감 교훈 〉

나무를 잘 기르면 뿌리가 튼튼하고 가지와 잎이 무성하여
마룻대와 들보의 재목이 이루어지고,
물을 잘 기르면 근원이 왕성하고 흐름이 길어서
관개灌漑의 이로움이 널리 베풀어진다,
사람을 잘 기르면 지기志氣가 크고 식견이 밝아져서
충의忠義의 선비가 나오나니
어찌 기르지 아니하랴.

景行錄에 云하되,
木有所養則根本固而枝葉茂하여 棟梁之材 成하고,
水有所養則泉源壯而流派長하여 灌漑之利 博하고,
人有所養則志氣大而識見明하여 忠義之士 出이니
可不養哉아.

휴전선休戰線

박봉우

산과 산이 마주 향하고 믿음이 없는 얼굴과 얼굴이 마주 향한 항시 어두움 속에서 꼭 한번은 천둥 같은 화산이 일어날 것을 알면서 요런 자세로 꽃이 되어야 쓰는가.

저어 서로 응시하는 쌀쌀한 풍경, 아름다운 풍토는 이미 고구려 같은 정신도 신라 같은 이야기도 없는가. 별들이 차지한 하늘은 끝끝내 하나인데…… 우리 무엇에 불안한 얼굴의 의미는 여기에 있었던가.

모든 유혈流血은 꿈같이 가고 지금도 나무 하나 안심하고 서 있지 못할 광장, 아직도 정맥은 끊어진 채 휴식인가 야위어가는 이야기뿐인가.

언제 한 번은 불고야 말 독사의 혀같이 징그러운 바람이여, 너도 이미 아는 모진 겨우살이를 또 한 번 겪으라는가, 아무런 죄도 없이 피어날 꽃은 시방의 자리에서 얼마를 더 살아야 하는가 아름다운 길은 이 뿐인가.

산과 산이 마주 향하고 믿음이 없는 얼굴과 얼굴이 마주 향한 항시 어두움 속에서 꼭 한번은 천둥 같은 화산이 일어 날 것을 알면서 요런 자세로 꽃이 되어야 쓰는가.

* 박봉우: 시인, 호는 추풍령(순천, 1934~1990).

동방의 등불

타고르

일찍이 아세아의 황금 시기에
빛나던 등촉燈燭의 하나이던 코리아,
그 등불 다시 한 번 켜지는 날에
너는 동방의 밝은 빛 되리라.

* 타고르Rabindranath Tagore: 시인, 철학자, (인도, 1861~1941). 노벨문
  학상 수상. 3·1 만세 10년 후인 1929. 3. 28일 일본 방문 중이던 시인이 건네
  준 메모장에서 주요한 시인이 번역함.

생사복화의 주인님, 복 주세요

보라 내가 오늘 생명과 복과 사망과 화를 네 앞에 두었나니 곧 내가 오늘 네게 명령하여 네 하나님 여호와를 사랑하고 그 모든 길로 행하며 그의 명령과 규례와 법도를 지키라 하는 것이라. 그리하면 네가 생존하며 번성할 것이요 또 네 하나님 여호와께서 네가 가서 차지할 땅에서 네게 복을 주실 것임이니라. (신30:15-16)

너는 마음을 다하여 여호와를 신뢰하고 네 명철을 의지하지 말라. 너는 범사에 그를 인정하라, 그리하면 네 길을 지도하시리라. 스스로 지혜롭게 여기지 말지어다. 여호와를 경외하며 악을 떠날지어다. 이것이 네 몸에 양약이 되어 네 골수를 윤택하게 하리라. (잠3:5-8)

혹 내가 하늘을 닫고 비를 내리지 아니하거나 혹 메뚜기들에게 토산을 먹게 하거나 혹 전염병이 내 백성 가운데에 유행하게 할 때에 내 이름으로 일컫는 내 백성이 그들의 악한 길에서 떠나 스스로 낮추고 기도하여 내 얼굴을 찾으면 내가 하늘에서 듣고 그들의 죄를 사하고 그들의 땅을 고칠지라. (대하7:13-14)

마음이 굽은 자는 복을 얻지 못하고 혀가 패역한 자는 재앙에 빠지느니라. 미련한 자를 낳는 자는 근심을 당하나니 미련한 자의 아비는 낙이 없느니라. 마음의 즐거움은 양약이라도 심령의 근심은 뼈를 마르게 하느니라. (잠17:20-22)

너희 중에 고난당하는 자가 있느냐 그는 기도할 것이요 즐거워하는 자가 있느냐 그는 찬송할지니라. 너희 중에 병든 자가 있느냐 그는 교회의 장로들을 청할 것이요 그들은 주의 이름으로 기름을 바르며 그를 위하여 기도할지니라. 믿음의 기도는 병든 자를 구원하리니 주께서 그를 일으키시리라. 혹시 죄를 범하였을지라도 사하심을 받으리라. 그러므로 너희 죄를 서로 고백하며 병이 낫기를 위하여 서로 기도하라. 의인의 간구는 역사하는 힘이 큼이니라. (약5:13-16)

내 주를 가까이 하게 함은
(338장) – 4절(내내천야)

1. 내 주를 가까이 하게 함은 십자가 짐 같은 고생이나
   내 일생 소원은 늘 찬송하면서 주께 더 나가기 원합니다

2. 내 고생하는 것 옛 야곱이 돌베개 베고 잠 같습니다
   꿈에도 소원이 늘 찬송하면서 주께 더 나가기 원합니다

3. 천성에 가는 길 험하여도 생명길 되나니 은혜로다
   천사 날 부르니 늘 찬송하면서 주께 더 나가기 원합니다

4. 야곱이 잠 깨어 일어난 후 돌단을 쌓은 것 본받아서
   숨질 때 되도록 늘 찬송하면서 주께 더나가기 원합니다

저 장미꽃 위에 이슬
(442장) - 3장(저그밤)

1. 저 장미꽃 위에 이슬 아직 맺혀있는 그때에
   귀에 은은히 소리 들리니 주 음성 분명하다

(후렴)
   주님 나와 동행을 하면서 나를 친구 삼으셨네
   우리 서로 받은 그 기쁨은 알 사람이 없도다

2. 그 청아한 주의 음성 우는 새도 잠잠케 한다
   내게 들리던 주의 음성이 늘 귀에 쟁쟁하다

3. 밤 깊도록 동산 안에 주와 함께 있으려 하나
   괴론 세상에 할 일 많아서 날 가라 명하신다

건국의 기초 되는 여덟 가지 요소

이승만

8월 15일, 오늘에 거행하는 이 식은 우리의 해방을 기념하는 동시에 우리 민국民國이 새로 탄생한 것을 겸하여 경축하는 것입니다. 이날에 동양의 한 고대국古代國인 대한민국 정부가 회복되어서 40여 년을 두고 바라며 꿈꾸며 투쟁하여 온 결실이 실현되는 것입니다. 이 건국 기초建國基礎에 요소要素될 만한 몇 조건을 간략히 말하려 하니,

[민주民主의 실천]

민주주의를 전적으로 믿어야 될 것입니다. 우리 국민 중에 혹은 독재제도가 아니면 이 어려운 시기에 나갈 길이 없는 줄로 생각하며 또 혹은 공산분자의 파괴적 운동에 중대한 문제를 해결할 만한 지혜와 능력이 없다는 관계로 독재권獨裁權이 아니면 방법이 없다고 생각하는 이도 있으니 이것은 우리가 다 큰 유감으로 생각하는 것입니다.

역사의 거울이 우리에게 비추어 보이는 이때에 우리가 민주주의를 채용하기로 30년 전부터 결정하고 실행하여 온 것

을 또 간단間斷없이 실천해야 될 것입니다.

[민권民權과 자유自由]

민권과 개인 자유를 보호할 것입니다. 민주정체民主政體의 요소는 개인의 근본적 자유를 보호하는 것입니다. 국민이나 정부는 항상 주의해서 개인의 언론과 집회와 종교와 사상 등 자유를 극력 보호해야 될 것입니다. 우리는 40여 년 동안을 왜적의 손에 모든 학대를 받아서 다만 말과 행동뿐 아니라 생각까지도 자유롭지 못하게 되었던 것입니다. 그러나 우리는 개인 자유 활동과 자유 판단권을 위해서 쉬지 않고 싸웠던 것입니다.

[자유의 인식]

자유의 뜻을 바로 알고 존숭尊崇히 하며 한도 내에서 행해야 할 것입니다. 어떤 나라에든지 자유를 사랑하는 지식계급의 진보적 사상을 가진 청년들이 정부에서 계단을 밟아 진행하는 일을 비평하는 폐단이 종종 있습니다. 그러나 사상의 자유는 민주주의의 기본적 요소이므로 자유권을 사용해 남과 대치되는 의사를 발표하는 사람들을 포용해야 할 것입니다.

[자유와 반동反動]

국민은 민권의 자유를 보호할 담보擔保를 가졌으나 이 정부에는 불복하거나 전복顚覆하려는 권리는 허락한 일이 없나니 어떤 불충분자不忠分子가 있다면 공산분자共産分子 여부를 막론하고 혹은 개인으로나 도당徒黨으로나 정부를 전복하려는 사실이 증명되는 때에는 결코 용서가 없을 것이니 극히 주의해야 할 것입니다.

[근로자 우대]

정부에서 가장 전력專力하려는 바는 도시에서나 농촌에서나 근로하며 고생하는 동포들의 생활 정도를 개량하는 데 있는 것입니다. 노동을 우대하여 법률 앞에서는 다 동등同等으로 보호할 것입니다. 이것이 곧 이 정부의 결심이므로 전에는 자기들의 형편을 개량할 수 없던 농민과 노동자들에게 특별히 주지하려 하는 것입니다.

[통상과 공업]

이 정부가 결심하는 바는 국제통상과 공업 발전을 우리나라의 필요에 따라 발전시키는 것입니다. 우리가 우리 민족의 생활 정도를 상당히 향상시키려면 모든 공업에 발전을 실시하여 우리 농장과 공장 소출所出을 외국에 수출하고 우리가 우리에게 없는 물건을 수입해야 될 것입니다. 그런즉, 공장과 상업과 노동은 서로 떠날 수 없이 함께 병행불패竝行不悖 해야만 될 것입니다. 경영주들은 노동자들을 이용만 하지 못할 것이요, 노동자는 자본가를 해롭게 못 할 것입니다.

[경제적 원조]

우리가 가장 필요를 느끼는 것은 경제적 원조입니다. 기왕에는 외국의 원조를 받는 것이, 받는 나라에 위험스러운 것은 각오하지 않을 수 없었던 것입니다.

그러나 지금 와서는 이 세계 대세가 변해서 각 나라 간에 대소강국大小强國을 막론하고 서로 의지해야 살게 되는 것과 전쟁과 평화에 화복안위禍福安危를 같이 당하는 이치를 다 깨닫게 되므로 어떤 작은 나라의 자유와 건전健全이 모든 큰 나라들에 동일히 관계하게 되는 것입니다.

그러므로 그 우방들이 우리에게 많은 도움을 주는 것이요, 또 계속해서 도움을 줄 것인데 결코 사욕이나 제국주의적 야망이 없고 오직 세계 평화와 친선을 증진할 목적으로 되는 것이니 다른 의심이 조금도 없을 것입니다.

[통일의 방략方略]

우리 전국이 기뻐하는 이 날에 우리가 북편을 돌아보고 원감怨感한 생각을 금하기 어렵습니다. 거의 1천만 우리 동포가 우리와 민국건설에 같이 진행하기를 남북이 다 원하였으나 '유엔' 대표국을 소련군이 막아 못하게 된 것이니 우리는 장차 소련 사람들에게 정당한 조치를 요구할 것이요, 다음에는 세계 대중의 양심에 호소하리니 아무리 강한 나라라도 약한 이웃의 영토를 무참히 점령케 하기를 허락한다면 종차終此는 세계의 평화를 유지할 나라가 없을 것입니다.

기왕에 말한 바이지만 소련이 우리에 접근한 이웃이므로 우리는 그 큰 나라로 더불어 평화와 친선을 유지하려는 터입니다. 그 나라가 자유로이 사는 것을 우리가 원하는 만치 우리가 자유로 사는 것을 그 나라도 또한 원할 것입니다. 언제든지 우리에게 이 원하는 바를 그 나라도 원한다면 우리 민국民國은 세계 모든 자유국과 친선히 지내는 것과 같이 소련과도 친선한 우의를 다시 교환키 위해 노력할 것입니다.

[결론]

가장 중대한 바는 일반 국민의 충성과 책임감과 굳센 결심입니다. 이것을 신뢰하는 우리로는 모든 어려운 일에 주저하지 않고 이 문제를 해결하며 장애를 극복하여 이 정부가 대한민국의 처음으로 서서 끝까지 변함없이 민주주의의 모범적 정부임을 세계에 표명되도록 매진할 것을 우리는 이에 선언합니다.

대한민국 대통령 이승만

* 이승만: 대한민국 초대 대통령, 호는 우남雩南(황해 평산, 1875~1965).
* 이승만 대통령의 정부수립 경축사─1948.8.15.

[名演說 산책 Ⅲ] 박정희 대통령의 故 이승만 건국 대통령 조사弔辭

호국신護國神이 되셔서
민족의 다난한 앞길을 열어주소서

박정희

조국독립운동의 원훈元勳이요, 초대 건국 대통령이신 故 우남雩南 이승만 박사 영전에 정성껏 분향하고 엄숙한 마음으로 삼가 조의를 드립니다.

돌아보건대 한마디로 끊어 파란만장의 기구한 일생이었습니다.

과연 역사를 헤치고 나타나, 자기 몸소 역사를 짓고 또 역사 위에 숱한 교훈을 남기고 가신 조국 근대의 상징적 존재로서의 박사께서는 이제 모든 영욕榮辱의 진세인연塵世因緣을 끊어버리고 영원한 고향으로 돌아가셨습니다.

그러나 생전의 일동일정一動一靜이 범인용부凡人庸夫와 같지 아니하여, 실로 조국의 명암과 민족의 안위에 직접적으로 연결되었던 세기적 인물이었으므로 박사의 최후조차 우리들에게 주는 충격이 이같이 심대한 것임을 외면할 길이 없습니다.

일찍이 대한제국의 국운이 기울어 가는 것을 보고 용감히 뛰쳐나와서 조국의 개화와 반제국주의 투쟁을 감행하던 날, 몸을 철쇄로 묶고 발길을 형극荊棘으로 가로막던 것은 오히려 선구자만이 누릴 수 있는 영광의 특전이었던 것입니다.

그리고 일제의 침략에 쫓겨 해외의 망명 생활 30여 성상星霜에 문자 그대로 혹은 바람을 씹고 이슬 위에 잠자면서 동분서주로 쉴 날이 없었고, 또 혹은 섶 위에 누워 쓸개를 씹으면서 조국 광복을 맹세盟誓하고 원하던 것도 그 또한 혁명아만이 맛볼 수 있는 명예로운 향연饗宴이었던 것입니다.

그러나 마침내 70 노구老軀로 광복된 조국에 돌아와 그나마 분단된 국토 위에서 안으로는 사상의 혼란과 밖으로는 국제적 알력 속에서도 만난萬難을 헤치고 새 나라를 세워 민족과 국가의 방향을 제시하여 민주 한국독립사의 제1장을 장식한 것이야말로 오직 건국인만이 기록할 수 있는 불후의 금문자金文字였던 것입니다.

이같이 박사께서는 선구자로, 혁명아로, 건국인으로 다만 조국의 개화, 조국의 독립, 또 조국의 발전만을 위하여 온갖 노역을 즐거움으로 여겼고, 또 헌신의 성과를 스스로 거두었던 것입니다.

뿐만 아니라 평생 견지하신 민족정기에 입각하여 항일반공의 뚜렷한 정치노선을 신조로 부동자세를 취해 왔거니와, 그것은 어디까지나 박사의 국가적 경륜이었고 또 그 중에서도 평화선의 설정, 반공포로의 석방 등은 세계를 놀라게 한 정치적 과단력果斷力의 역사적 발휘이었던 것입니다.

그러나 집권 12년의 종말에 이르러 이미 세상이 다 아는 이른바 정치적 과오로 인하여 살아서 역사의 심판을 받았던 그 쓰라린 기록이야말로 박사의 현명賢明을 어지럽게 한 간신배奸臣輩들의 가증한 소치였을망정 구경究竟에는 박사의 일생에 씻지 못할 오점汚點이 되었던 것을 통탄해마지 못하는 바입니다.

하지만 오늘 이 자리에서 다시 한 번 헤아려 보면, 그것이 결코 박사의 민족을 위한 생애 중의 어느 일부분일망정 전체가 아닌 것이요, 또 외부적인 실정失政 책임으로써 박사의 내면적인 애국정신을 말살하지는 못할 것이라 생각하며, 또 일찍이 말씀하신 "뭉치면 살고 흩어지면 죽는다"는 귀국 제일성은 오늘도 오히려 이 나라 국민들에게 들려주시는 최후의 유언과 같이 받아들여 민족 사활의 잠언을 삼으려는 것입니다.

어쨌든 박사께서는 개인적으로나 민족적으로나 세기적 비극의 주인공이었던 것을 헤아리면 충심으로 뜨거운 눈물을 같이 하지 않을 수 없습니다만, 그보다는 조국의 헌정 사상에 최후의 십자가를 지고 가시는 '어린 羊'의 존재가 되심으로써, 개인적으로는 '한국의 위인'이란 거룩한 명예를 되살리시고, 민족적으로는 다시 이 땅에 4·19나 5·16 같은 역사적 고민이 나타나지 않도록 보살피시어 자주독립의 정신과 반공 투쟁을 위한 선구자로서 길이 길잡이가 되어

주시기 바라는 것입니다.

　다만 여기 여러 가지 사정으로 말미암아 박사로 하여금 오매불망하시던 고국 땅에서 임종하실 수 있는 최선의 기회를 드리지 못하고 이역의 쓸쓸한 해빈海濱에서 고독하게 최후를 마치게 한 것을 마음 아프게 생각하는 바입니다.

　그리고 또 박사에 대한 영원한 경의로 그 유택을 국립묘지에서도 가장 길지를 택하여 유해를 안장해 드리고자 합니다.

　생전에 손수 창군하시고 또 그들로써 공산 침략을 격파하여 세계에 이름을 날렸던 바로 그 국군장병들의 영령들과 함께 길이 이 나라의 호국신護國神이 되셔서 민족의 다난多難한 앞길을 열어주시는 힘이 되실 것을 믿고 삼가 두 손을 모아 명복을 비는 동시에 유가족 위에도 신神의 가호가 같이 하시기를 바라는 바입니다.

* 박정희: 제5대~9대 대통령(구미, 1917~1979).
* 1965년 7월 19일 0시 35분 건국 대통령 이승만 박사가 하와이 마우날라니 병원에서 숨을 거두었다. 7월 23일 박정희 대통령은 李 박사의 유해가 김포공항에 도착하자 공항에 나가 영접했으며 가족들의 바람대로 가족장이 되었으나 국민장 수준으로 장례를 치르도록 지원했다. 이 글은 1965년 7월 27일 국립묘지 안장식에 바친 朴 대통령의 조사弔辭로서 이승만 박사를 향한 깊은 흠모와 애석함의 진심이 배어있음을 확인할 수 있다.

9월

● 말씀 읽기: 〈 에스겔 – 말라기 〉

● 요절: 내 이름을 경외하는 너희에게는 공의로운 해가 떠
올라서 치료하는 광선을 비추리니 너희가 나가서 외양
간에서 나온 송아지같이 뛰리라. (말4:2)

● 농사 절기: 백로白露, 추분秋分

● 행사: 음 8월 15일–추석절 생존하신 부모님께 효도
조상님 산소 성묘하기

< 명심보감 교훈 >

여유를 두고 재주를 다 쓰지 않았다가 조물주에게 돌려주
리라.
봉록俸祿을 다 쓰지 않았다가 조정에 돌려주리라.
여유를 두고 재물을 다 쓰지 않았다가 백성에게 돌려주리라.
여유를 두고 복을 다 누리지 않았다가 자손에게 돌려주리라.

王參政四留銘에 曰,
留有餘不盡之巧하야 以還造物하고,
留有餘不盡之祿하야 以還朝廷하고,
留有餘不盡之財하여 以還百姓하고,
留有不盡之福하여 以還子孫이니라.

떠나는 아내 [離婦이부]

장적

十載來夫家	십 년 동안 시집살이
閨門無瑕疵	여자 행실 잘못 없는데
薄命不生子	박명하군요, 자식 낳지 못하면
古制有分離	쫓겨난다는 옛날의 법

託身言同穴	처음엔 해로하겠다 말씀하시더니
今日事乖違	오늘에 일이 어긋나는군요
念君終棄捐	당신이 마침내 버리시니
誰能强在玆	어떻게 있겠다고 우기겠어요?

堂上謝姑嫜	시부모님 계시는 큰 방에 올라
長跪請離辭	무릎 꿇고 하직 인사 여쭈었어요
姑嫜見我往	시부모님 떠나는 저를 보시고
將決復沈疑	이별을 다시 망설이더군요

與我古時釧	옛날의 팔찌는 제게 돌려주시고
留我嫁時衣	혼인 예복은 남겨두라 하셨어요
高堂拊我身	어르신네는 저를 어루만지시고
哭我於路陲	길 모퉁에서 저를 위해 우셨어요

| 昔日初爲婦 | 옛날 처음 며느리 적 |

當君貧賤時　　당신이 가난하였을 때
晝夜常紡績　　밤낮으로 길쌈하느라
不得事蛾眉　　눈썹 그릴 틈도 없었지요

辛勤積黃金　　애써서 황금을 저축하여
濟君寒與飢　　기아에 떠는 당신을 건졌었지요
洛陽買大宅　　낙양에다 저택을 사드리고
邯鄲買侍兒　　한단에서 시종아이를 사 왔었지요
夫婿乘龍馬　　낭군이 용마를 타시니
出入有光儀　　출입하는데 빛이 났었지요

將爲當家婦　　장차 부잣집 며느리가 되어
永爲子孫資　　오래도록 자손에게 의탁하려 했더니
誰謂出君門　　어찌 알았겠어요 시집에서 쫓겨나
一身上車歸　　혼자 수레 타고 돌아올 줄을!

有子未必榮　　자식 있다고 반드시 영화를 보는 건 아니지만
無子坐生悲　　자식 없으면 비참해지는 거예요
爲人莫作女　　사람 중에 계집은 되지 말아요
作女實難爲　　계집으로 살기 참으로 어려워요!

* 장적張籍: 당唐나라 시인(중국 소주蘇州, 766~830).

낙엽

구르몽

시몬, 나무 잎새 져버린 숲으로 가자.
낙엽은 이끼와 돌과 오솔길을 덮고 있다.

시몬, 너는 좋으냐? 낙엽 밟는 소리가.

낙엽 빛깔은 정답고 모양은 쓸쓸하다.
낙엽은 버림받고 땅 위에 흩어져 있다.

시몬, 너는 좋으냐? 낙엽 밟는 소리가.

해질 무렵 낙엽 모양은 쓸쓸하다.
바람에 흩어지며 낙엽은 상냥히 외친다.

시몬, 너는 좋으냐? 낙엽 밟는 소리가.

발로 밟으면 낙엽은 영혼처럼 운다.
낙엽은 날개 소리와 여자의 옷자락 소리를 낸다.

시몬, 너는 좋으냐? 낙엽 밟는 소리가.

가까이 오라, 우리도 언젠가는 가벼운 낙엽이리니
벌써 밤이 되고, 바람은 우리를 휩쓴다.

시몬, 너는 좋으냐? 낙엽 밟는 소리가.

* 구르몽Remy de Gourmont: 시인, 소설가, 평론가(프랑스, 1858~1915).

좋은 열매를 맺어야 합니다

이와 같이 좋은 나무마다 아름다운 열매를 맺고 못된 나무가 나쁜 열매를 맺나니, 좋은 나무가 나쁜 열매를 맺을 수 없고 못된 나무가 아름다운 열매를 맺을 수 없느니라. 아름다운 열매를 맺지 아니하는 나무마다 찍혀 불에 던져지느니라. 이러므로 그들의 열매로 그들을 알리라. 나더러 주여 주여 하는 자마다 다 천국에 들어갈 것이 아니요 다만 하늘에 계신 내 아버지의 뜻대로 행하는 자라야 들어가리라. (마7:17-21)

나는 참포도나무요 내 아버지는 농부라 무릇 내게 붙어 있어 열매를 맺지 아니하는 가지는 아버지께서 그것을 제거해 버리시고 무릇 열매를 맺는 가지는 더 열매를 맺게 하려 하여 그것을 깨끗하게 하시느니라. 너희는 내가 일러준 말로 이미 깨끗하여졌으니 내 안에 거하라 나도 너희 안에 거하리라. 가지가 포도나무에 붙어 있지 아니하면 스스로 열매를 맺을 수 없음 같이 너희도 내 안에 있지 아니하면 그러하리라. (요15:1-4)

너희가 내 안에 거하고 내 말이 너희 안에 거하면 무엇이든지 원하는 대로 구하라. 그리하면 이루리라. 너희가 열매

를 많이 맺으면 내 아버지께서 영광을 받으실 것이요 너희는 내제
자가 되리라. (요15:7-8)

　오직 성령의 열매는 사랑과 희락과 화평과 오래 참음과 자비와
양선과 충성과 온유와 절제니 이 같은 것을 금지할 법이 없느니라.
(갈5:22-23)

　너희 중에 지혜와 총명이 있는 자가 누구냐 그는 선행으로 말미
암아 지혜의 온유함으로 그 행함을 보일지니라. 그러나 너희 마음
속에 독한 시기와 다툼이 있으면 자랑하지 말라. 진리를 거슬러 거
짓말하지 말라. 이러한 지혜는 위로부터 내려온 것이 아니요, 땅 위
의 것이요, 정욕의 것이요, 귀신의 것이니 시기와 다툼이 있는 곳에
는 혼란과 모든 악한 일이 있음이라. 오직 위로부터 난 지혜는 첫째
성결하고 다음에 화평하고 관용하고 양순하며 긍휼과 선한 열매가
가득하고 편견과 거짓이 없나니 화평하게 하는 자들은 화평으로 심
어 의의 열매를 거두느니라. (약3:13-18)

자비하신 예수여
(395장) - 4절(자죄허거)

1. 자비하신 예수여 내가 사람 가운데
   의지할 이 없으니 슬픈 자가 됩니다
   마음 심히 어두니 밝게 하여 주소서
   나를 보호하시고 항상 인도하소서

2. 죄를 지은 까닭에 나의 맘이 곤하니
   용서하여 주시고 쉬게 하여 주소서
   천국 가고 싶으나 나의 공로 없으니
   예수 공로 힘입어 천국 가게 하소서

3. 허락하심 이루어 사랑 항상 있도다
   모두 이뤄주심을 나는 믿사옵니다
   구주 밖에 누구를 달리 찾아보리요
   복과 영생 예수니 더 원할 것 없도다

4. 거룩하신 구주여 피로 날 사셨으니
   어찌 감사하온지 말로 할 수 없도다
   주의 귀한 형상을 나도 입게 하시고
   하늘나라 가서도 사랑하게 하소서

나 어느 곳에 있던지
(408장) - 4절(나내참주)

1. 나 어느 곳에 있든지 늘 맘이 편하다
   주 예수 주신 평안함 늘 충만하도다

(후렴)
   나의 맘 속이 늘 평안해 나의 맘 속이 늘 평안해
   악한 죄 파도가 많으나 맘이 늘 평안해

2. 내 맘에 솟는 영생수 한없이 흐르니
   목마름 다시 없으며 늘 평안하도다

3. 참되신 주의 사랑을 형언치 못하네
   그 사랑 내 맘 여시고 소망을 주셨네

4. 주 예수 온갖 고난을 왜 몸소 당했나
   주 함께 고난 받으면 면류관 얻겠네

계속 갈구하라, 바보가 되어라!

Stay Hungry, Stay Foolish!

스티브 잡스 Steve Jobs

감사합니다.

오늘 세계 최고의 명문 중 하나인 이 대학의 학위 수여식에 여러분과 함께 하게 되어 영광입니다. 솔직히 말씀드리면, 저는 대학을 졸업하지 못했으며, 지금이 제가 대학 졸업식장에 가장 가까이 와 본 경우입니다.

오늘 저는 여러분들께 제 인생에 관한 세 가지 이야기를 말씀드리고자 합니다. 그게 다입니다. 거창한 얘기도 아니고, 딱 세 가지만 말씀드리겠습니다.

첫째 이야기는 인생의 전환점들을 잇는 일입니다. 저는 리드 칼리지를 다니다가 6개월 만에 그만두었습니다만, 이후 18개월 동안 청강 생활을 하다가 아주 자퇴하고 말았습니다. 제가 왜 그랬을까요?

이야기는 제가 태어나기 이전으로 거슬러 올라갑니다. 저의 생모는 어린 미혼모로 대학원생이었으며, 저를 입양 보내기로 결정하셨습니다.

어머니는 저를 대학 나온 가정에 입양시켜야겠다고 굳게 결심하셨고, 저는 태어나자마자 어느 변호사 부부에게 입양되기로 모든 준비가 끝났습니다.

한 가지 예외라면, 제가 세상에 나왔을 때 이 부부는 마지막 순간에 여자아기를 입양하기로 결정하였다는 것입니다. 덕분에 저의 양부모께서는 대기자 명단에 올라 있다가 한밤중에 전화를 받게 됩니다.

"착오가 생긴 남자아기가 있는데, 입양하시겠습니까?" 양부모님께서는 "물론"이라고 답하셨습니다. 생모는 나중에, 제 양모는 대학 졸업자가 아니며 제 양부는 고등학교조차도 못 나오신 분임을 알게 됩니다.

생모는 입양 서류에 서명을 거부하셨습니다. 생모가 몇 달 후에 마음을 누그러뜨린 것은 저를 대학까지 보내겠다는 약조를 받은 후였습니다. 제 인생은 그렇게 시작되었습니다.

17년 후 저는 정말로 대학에 진학했습니다. 하지만 참 순진하게도 이곳 스탠퍼드만큼이나 등록금이 비싼 대학을 골랐고, 노동자층이셨던 양부모님이 평생 모으신 돈이 모두 제 등록금으로 소모되었습니다.

6개월 후, 저는 대학 공부의 가치를 찾을 수 없었습니다. 저는 제가 인생을 어찌 살아갈지 몰랐고, 대학 공부가 그것을 알아내는데 어떤 도움을 줄지도 알 수 없었습니다. 그러면서 부모님들이 평생 저축한 재산을 축내고 있었던 것입니다.

따라서 저는 학교를 그만두기로 결정합니다. 모든 것이 잘 풀릴 것으로 믿으리라 결심하면서 말이죠. 당시에는 참 두려운 결정이었지만, 돌이켜 보건대, 그것은 제가 내렸던 최고의 결정들 중 하나였습니다. 자퇴를 결정한 순간부터 흥미가 없던 필수 과목들을 중단할 수 있었고, 제게 훨씬 더 흥미로운 강의들을 청강하기 시작했습니다.

그 생활은 결코 낭만적이지 않았습니다. 기숙사에서 지낼 수 없었으므로 친구들의 방바닥에서 잠을 잤습니다. 콜라병을 반납하고 받는 5센트씩을 모아 끼니를 해결했고, '헤어 크리슈나 사원'에서 주는 맛있는 식사를 얻어먹기 위해 매주 일요일 밤마다 마을을 가로질러 7마일을 걸었습니다. 그래도 좋았습니다.

그리고 제가 호기심과 직관대로 행동하면서 마주친 것들 중 상당 부분이 후에 돌이켜보니 무한히 값진 것들이었습니다. 한 가지 예를 들죠.

당시 리드 칼리지에는 이 나라 최고의 필기체 강좌가 있었습니다. 캠퍼스 곳곳에 붙은 포스터, 모든 서랍의 라벨마다 참으로 아름다운 필체로 적혀 있었습니다.

자퇴한 저는 정규 강의들을 들을 필요가 없었기에, 서체 강좌를 수강해서 이것을 배우겠다고 결심했습니다. 저는 삐침이 있는 글꼴과 없는 글꼴에 대해 배웠고, 서로 다른 문자들을 조합하면서 자간을 조절하는 법도 배웠으며, 좋은 글꼴의 조건에 대해서도 배웠습니다.

거기에는 아름다움과 역사와 예술적 섬세함이, 과학이 매료시키지 못할 방식으로 배어 있었습니다. 저는 그것에 매혹되었습니다.

이렇게 배운 것들이 제 인생에서 실제 활용되리라는 희망조차 없었습니다. 그러나 10년 후, 저희가 최초의 매킨토시 컴퓨터를 설계할 때 이 모든 것들이 제게 되살아났습니다. 그리고 저희는 모든 것들을 맥의 디자인에 포함시켰습니다.

맥은 아름다운 글꼴을 가진 최초의 컴퓨터였습니다. 제가 대학에서 바로 그 강의를 청강하지 않았더라면, 맥은 그렇게 다양한 글꼴을 지니거나, 자간이 비례적으로 조절되는 서체를 가질 수 없었을 겁니다.

그리고 MS사의 윈도우가 그저 맥을 본뜬 것이기에, 퍼스널 컴퓨터 또한 결코 그런 글꼴을 가질 수 없었을 겁니다. 제가 대학을 그만두지 않았더라면, 그 서체 수업을 청강하지 않았을 것이고, PC들 또한 오늘날 가지고 있는 그 아름다운 서체들을 가질 수 없었을 것입니다.

물론 제가 대학 다니던 당시에는 미래를 생각하며 그런 계기들을 잇기가 불가능했습니다. 하지만 10년 후 뒤돌아보니 그런 점들이 너무나도 또렷하게 보였습니다.

다시 말씀드리지만, 이 순간들이 앞으로의 인생에서 어찌 연결될지는 알 수 없습니다. 그것들은 나중에 뒤돌아보고서야 그 연관성들을 깨닫게 되는 것입니다.

그러므로 그런 작은 계기들이 어쨌든 미래에는 연관이 될 것이라는 확신을 가져야 합니다. 무언가를 믿어야 합니다. 그게 용기든, 운명이든, 인생이든, 인연이든, 그 무엇이든 간에 말입니다.

왜냐하면 앞으로 인생을 살아가면서 그러란 점들이 연결될 것이라는 믿음이 자신의 가슴에서 나오는 판단을 따를 자신감을 줄 것이기 때문입니다. 심지어 그로 인해 탄탄대로를 벗어나게 될지라도 말입니다. 그리고 그로 인해 인생이 변화할 것입니다.

둘째 이야기는 사랑과 상실에 관한 것입니다. 저는 행운아였습니다. 일찌감치 제 인생에서 사랑하는 것을 찾아냈으니까요. 제 친구 워즈와 저는 스무 살 때 제 부모님의 차고에서 애플이라는 회사를 차렸습니다.

열심히 일했고, 10년 만에 애플은 달랑 종업원 두 명과 차고뿐인 회사에서 4000명이 넘는 종업원을 거느린 20억 달러 규모의 대기업으로 성장했습니다. 우리의 최고 걸작품인 매킨토시 컴퓨터를 출시한 지 일 년 후, 당시 막 서른이 되었는데 저는 해고당했습니다. 어떻게 자신이 창업한 회사에서 해고당할 수 있을까요?

애플사가 성장하면서 저와 같이 회사를 운영해 갈 대단한 재능을 지닌 것으로 여겨지던 사람을 채용했고, 첫 1년 여 기간은 순조로웠습니다. 하지만 그 뒤부터 미래에 대한 우리의 시각이 달라지기 시작했고, 마침내 불화가 생겼습니다. 우리 사이가 틀어지자, 회사 이사진은 그의 편을 들었습니다. 그 결과 저는 나이 30에 쫓겨나고 말았습니다. 그것도 아주 공개적으로 말입니다. 제 성인기 전체의 목표가 사라졌고, 정말 참담했습니다.

몇 달 간은 정말 어찌할 바를 몰랐습니다. 제가 선배 기업가들을 실망시켰다고 생각했습니다. 바통이 막 제게 넘어오려는 순간에 그걸 떨어뜨린 것이라고 생각했습니다. 저는 데이비드 패커드와 밥 노이스를 만나 그토록 엉망으로 만든 것에 대해 사과하려고 했습니다. 저는 철저히 실패한 사람이었고, 아예 이 업계를 떠나버릴까 생각도 했습니다.

그런데 뭔가 제 머릿속에 서서히 떠오르기 시작했습니다. 저는 제가 하던 일을 여전히 사랑하고 있었습니다. 애플에서 일어난 일련의 사건들도 그 사실을 조금도 바꿀 수 없었지요. 비록 거부당했지만, 저는 여전히 사랑에 빠져 있었습니다. 그래서 다시 시작하기로 결심했습니다.

당시에는 몰랐지만, 결과적으로 애플에서 해고당한 것이 제 인생 최고의 전환점이었던 걸로 드러났습니다. 성공해야 한다는 정신적 부담이 재출발하는 초심자의 홀가분함으로 바뀌었는데, 모든 것에 확신을 가질 필요가 적으니까요. 그것을 기회로 제 자신이 자유로워지면서 제 인생에서 가장 창의적인 시기들 중 하나로 접어들게 되었지요.

그 후 5년간 저는 '넥스트'라는 회사와 '픽사'라는 또 다른 회사를 차렸습니다. 그리고 나중에 제 아내가 될 대단한 여성을 만나 사랑에 빠졌습니다. 픽사는 발전을 거듭하여 세계 최초의 컴퓨터 애니메이션 스튜디오가 되었습니다.

놀라운 반전이 일어나 애플이 넥스트를 인수했고, 저는 애플로 돌아왔습니다. 그리고 넥스트에서 개발했던 기술이 바로 오늘날 애플의 부흥을 이루어 낸 핵심입니다. 그리고 로렌스와 저는 멋진 가정을 꾸렸습니다.

저는 제가 애플에서 해고되지 않았더라면 이런 일들이 하나도 이루어지지 않았을 것이라 확신합니다. 양약은 쓴 법입니다. 살다 보면 때로는 머리에 돌을 맞는 일도 일어납니다.

믿음을 잃지 마십시오. 저는 확신합니다. 저를 계속 이끌어 온 힘은 바로 제가 하는 일을 사랑했다는 사실입니다.

사랑할 만한 것을 찾으십시오. 연인을 찾는 것과 마찬가지로 일을 찾는 것 또한 진실로 중요합니다.

일은 여러분 인생의 큰 부분을 채울 것이며, 따라서 진정 만족할 수 있는 유일한 방법은 당신이 대단하다고 믿는 일을 하는 것입니다. 그리고 그 대단한 일을 해낼 수 있는 유일한 방법은 자신이 하는 일을 사랑하는 것입니다.

아직까지 그런 일을 찾지 못했다면 계속 찾아보십시오. 안주하지 마십시오. 마음으로 하는 모든 일이 그렇듯이, 그것을 찾아내는 순간 "이것이다"라고 느끼게 될 것입니다. 그리고 어떤 훌륭한 관계라도 다 그렇듯이, 시간이 흐르면서 점점 더 좋아질 것입니다. 그러므로 계속 찾아보십시오. 안주하지 마십시오.

세 번째 이야기는 죽음에 관한 것입니다. 제가 열일곱 살 때 이런 구절을 읽었습니다. "인생은 매 순간을 마지막인 것처럼 살아라. 그러면 언젠가 분명 옳은 사람이 되어 있을 것이다."

저는 이 글에 감동을 받았고, 그날 이후 지난 33년간, 매일 아침 거울을 들여다보며 제 자신에게 물었습니다. "오늘이 내 인생의 마지막 날이라면, 과연 내가 오늘 하려는 일을 할까?" 그리고 그 대답이 여러 날 계속해서 "아냐"라고 나온다면, 무엇인가 바꿀 필요가 있다는 것을 압니다.

죽을 날이 그리 멀지 않음을 기억하는 것은 인생의 중대한 결정들을 내리는 데 도움이 되는 도구들 중 가장 중요한 것입니다. 왜냐하면 거의 모든 것들, 모든 외부로부터의 기대, 자존심, 당혹감이나 실패에 대한 두려움 등이 모든 것들은 죽음 앞에서 맥을 추지 못하며, 정말 중요한 것만 가려내 주기 때문입니다.

자신이 죽을 것이라는 사실을 기억하는 것은 여러분이 무언가를 잃을 것이라고 생각하는 함정을 피할 수 있는 최선의 방법이라고 알고 있습니다. 이미 가진 것이 하나도 없습니다. 가슴으로 느끼는 대로 따르지 않을 이유가 없습니다.

약 1년 전에 저는 암 진단을 받았습니다. 오전 7시 30분에 스캔을 받았는데, 제 췌장에 종양이 있음을 분명히 보여주었습니다. 저는 췌장이 무엇인지도 몰랐습니다.

의사들은 이것이 치유 불가능한 종류의 암이라고 말하면서 제가 앞으로 3개월에서 6개월 이상은 살 수 없을 것이라고 말했습니다. 의사는 제게 집으로 돌아가 주변을 정리하라고 했는데, 이 말은 죽을 준비를 하라는 의사들의 표현입니다.

이 말은 또한 자녀들에게 앞으로 10년간 할 모든 이야기를 단 몇 달 만에 다 하라는 소리이기도 합니다. 이는 또 모든 일을 깔끔하게 마무리 짓고 유족들이 가급적 평안해지도록 하라는 말이기도 합니다. 작별 인사를 해 두라는 소리이기도 하지요.

저는 이 진단대로 하루를 보냈습니다. 그날 저녁 늦게 조직검사를 받았는데, 제 식도를 따라 내시경을 집어넣은 후, 위를 통하고 장을 거쳐 췌장에 작은 바늘을 찔러 넣은 다음 종양에서 세포 몇 개를 채취했습니다.

저는 차분했습니다만, 그 자리에 있던 제 아내의 말에 의하면, 의사들이 현미경으로 세포들을 관찰하다가 울기 시작했다더군요. 제 암이 매우 희귀한 췌장암으로 수술로 치료가 가능한 것이기 때문이랍니다. 저는 그렇게 수술을 받았고, 고맙게도 지금 아무렇지도 않습니다.

그것이 제가 죽음에 가장 가까이 가 본 경험입니다. 그리고 앞으로 수십 년 살아가는 동안 다시는 그런 일이 없기를 바랍니다. 죽음의 고비를 넘기고 보니, 이제 여러분에게 죽음이 유용하긴 하나 순전히 상상 속의 개념이었을 때보다 좀 더 확신을 가지고 이렇게 말씀드릴 수 있습니다.

죽고 싶은 사람은 아무도 없습니다. 천국에 가고 싶은 사람들조차 죽어서 거기에 가려고 하진 않습니다. 그럼에도 불구하고 죽음은 우리 인간이 공유하는 최종 도착지입니다.

어느 누구도 그것을 피하지 못했습니다. 원래 그래야 하는 것입니다. 왜냐하면 죽음은 생명이 만들어 낸 최고의 발명품이기 때문입니다. 죽음은 생명의 변화 인자입니다. 죽음은 옛것을 처분하여 새로운 것을 수용할 자리를 만듭니다.

지금은 여러분이 새로운 것이지만, 그리 멀지 않은 장래에 여러분은 점점 낡아지게 되고 점차 처분될 것입니다. 너무 노골적으로 말씀드려 죄송하지만, 그것이 분명한 사실입니다.

여러분에게 주어진 시간은 유한합니다. 남의 인생을 사느라 그 시간을 낭비하지 마십시오. 독단의 덫에 빠지지 마십시오. 남들의 생각에서 나온 결론에 맞추어 사는 것을 말합니다. 남들의 의견에서 나오는 잡음에 여러분 내면의 소리가 묻히도록 하지 마십시오.

그리고 가장 중요한 것은, 용기를 내어 여러분의 가슴과 직관에 따라가는 것입니다. 그들은 진정 자신이 무엇이 되고 싶어 하는가를 이미 똑똑히 알고 있습니다. 그 밖의 모든 것들은 부차적인 것입니다.

제가 어릴 때 〈The Whole Earth Catalog]〉라고 하는 대단한 잡지가 있었습니다. 저희 세대에게는 가장 권위 있는 책들 중 하나였지요. 이곳에서 멀지 않은 멘로파크에 살던 스튜어트 브랜드라는 사람이 만들었죠. 그는 나름의 시적인 감각을 동원하여 그 책에 생명을 불어넣었습니다.

당시가 1960년대 후반으로, PC라든가 데스크톱 출판 기술이 나오기 이전이었습니다. 당연히 타자기, 가위 그리고 폴라로이드 카메라만 가지고 만들어졌습니다. 그것은 일종의 문고판 검색엔진 구글Google과도 같은 것이었는데, 구글이 등장하기 35년 전의 일이었습니다. 이상적인 사고들이 담겨 있었고, 깔끔한 도구와 기발한 아이디어들이 흘러넘쳤습니다.

스튜어트와 그의 팀은 〈The Whole Earth Catalog〉를 몇 회 정도 발간했고, 나올 만큼 나왔다 싶었을 때 마지막 호를 냈습니다. 그것이 1970년대 중반이었고, 제가 여러분 나이쯤 되었을 때입니다. 그 마지막 호의 뒤표지에는 이른 아침 어느 시골길 풍경을 담은 사진이 실려 있었는데, 여러분이 모험심이 좀 있는 사람이라면 히치하이킹을 하며 가 보았을 법한 그런 곳이었습니다.

그 사진 아래에는 이런 문구가 있었습니다.

"Stay hungry. Stay foolish(계속 갈구하라, 바보가 되어라)."

이것이 그들이 할 일을 모두 마치고 남긴 작별 인사였습니다. "Stay hungry. Stay foolish." 저 또한 언제나 그렇게 살기를 바라 왔습니다. 이제 졸업을 하고 새로운 세상으로 나아가는 여러분께 같은 말씀을 드립니다.

계속 갈구하십시오. 바보가 되십시오.

감사합니다.

* 스티브 잡스Steve Jobs: 애플 창업자(미국, 1955~2011).
* 이 글은 2005년 6월 12일 미국 스탠퍼드대Stanford University 졸업식에서 애플컴퓨터 창립자 겸 최고경영자 스티브 잡스가 행한 졸업 축사이다. 그의 혁신 스마트폰 'iPhone'이 세상에 출시된 2007년 이전의 일이며, 그는 이 연설을 하고 난 6년 후, 56세의 나이에 세상을 떠났다. 그의 신앙은 불교였다고 한다.

10월

말씀 읽기: 〈 마태복음 – 요한복음 〉

요절: 좁은 문으로 들어가라 멸망으로 인도하는 문은 크고 그 길이 넓어 그리로 들어가는 자가 많고, 생명으로 인도하는 문은 좁고 길이 협착하여 찾는 자가 적음이라. (마7:13-14)

농사 절기: 한로寒露, 상강霜降

행사: 10월 3일-개천절
　　　　　　애족절愛族節‥국민 회개일
　　　　　　　　　　동포 사랑, 겨레 사랑
　　　　　　　　　　외국 이주동포 Diaspora
　　　　　　　　　　사랑
　　　　10월 9일-한글날‥세종대왕 은덕 감사하기
　　　　　　　　　　훌륭한 한글 주신 하나님께
　　　　　　　　　　감사하기

〈 명심보감 교훈 〉

한나라 소열제가
임종에 즈음하여 아들 후주에게 조칙을 내려 말하기를,
"착한 것이면 작다 해서 아니 하지 말고
악한 것이면 작더라도 하지 말라."고 하였다.

漢昭烈이
將終에 勅後主曰,
勿以善小而不爲하고 勿以惡小而爲之하라.

가을의 기도

김현승

가을에는
기도하게 하소서……
낙엽들이 지는 때를 기다려 내게 주신
겸허한 모국어로 나를 채우소서.

가을에는
사랑하게 하소서……
오직 한 사람을 택하게 하소서.
가장 아름다운 열매를 위하여 이 비옥한
시간을 가꾸게 하소서.

가을에는
호올로 있게 하소서……
나의 영혼,
굽이치는 바다와
백합의 골짜기를 지나,
마른 나뭇가지 위에 다다른 까마귀같이.

 * 김현승: 시인(평양, 1913~1975) 평양에서 출생 후, 아버지 목회지를
 따라 7세부터 전남 광주에서 생활함.

삶이 그대를 속일지라도

푸쉬킨

삶이 그대를 속일지라도
슬퍼하거나 노하지 말아라.
슬픈 날엔 참고 견디라
즐거운 날은 오고야 말리니.

마음은 미래를 바라느니
현재는 한없이 우울한 것.
모든 것 하염없이 사라지나
지나가 버린 것 그리움이 되리니.

* 푸쉬킨Alexander Pushkin: 러시아 시인(1799~1873).

절대로 평안해야 합니다

여호와는 나의 목자시니 내게 부족함이 없으리로다. 그가 나를 푸른 풀밭에 누이시며 쉴 만한 물가로 인도하시는도다. 내 영혼을 소생시키시고 자기 이름을 위하여 의의 길로 인도 하시는도다. 내가 사망의 음침한 골짜기로 다닐지라도 해를 두려워하지 않을 것은 주께서 나와 함께 하심이라 주의 지팡이와 막대기가 나를 안위하시나이다. 주께서 내 원수의 목전에서 내게 상을 차려 주시고 기름을 내 머리에 부으셨으니 내 잔이 넘치나이다. 내 평생에 선하심과 인자하심이 반드시 나를 따르리니 내가 여호와의 집에 영원히 살리로다. (시23:1-6)

너희가 나를 사랑하면 나의 계명을 지키리라. 내가 아버지께 구하겠으니 그가 또 다른 보혜사를 너희에게 주사 영원토록 너희와 함께 있게 하리니 그는 진리의 영이라. 세상은 능히 그를 받지 못하나니 이는 그를 보지도 못하고 알지도 못함이라. 그러나 너희는 그를 아나니 그는 너희와 함께 거하심이요 또 너희 속에 계시겠음이라 내가 너희를 고아와 같이 버려두지 아니하고 너희에게로 오리라. (요14:15-18)

내가 아직 너희와 함께 있어서 이 말을 너희에게 하였거니와 보혜사 곧 아버지께서 내 이름으로 보내실 성령 그가 너희에게 모든 것을 가르치고 내가 너희에게 말한 모든 것을 생각나게 하리라. 평안을 너희에게 끼치노니 곧 나의 평안을 너희에게 주노니 내가 너희에게 주는 것은 세상이 주는 것과 같지 아니하니라. 너희는 마음에 근심하지도 말고 두려워하지도 말라. (요14:25-27)

주 안에서 항상 기뻐하라 내가 다시 말하노니 기뻐하라. 너희 관용을 모든 사람에게 알게 하라 주께서 가까우시니라. 아무 것도 염려하지 말고 다만 모든 일에 기도와 간구로 너희 구할 것을 감사함으로 하나님께 아뢰라. 그리하면 모든 지각에 뛰어난 하나님의 평강이 그리스도 예수 안에서 너희 마음과 생각을 지키시리라. (빌4:4-7)

내 평생에 가는 길

(413장) - 4절(내저내저)

1. 내 평생에 가는 길 순탄하여 늘 잔잔한 강 같든지
   큰 풍파로 무섭고 어렵든지 나의 영혼은 늘편하다

(후렴)
   내 영혼 평안해 내 영혼 내 영혼 평안해

2. 저 마귀는 우리를 삼키려고 입 벌리고 달려와도
   주 예수는 우리의 대장되니 끝내 싸워서 이기리라

3. 내 지은 죄 주홍빛 같더라도 주 예수께 다 아뢰면
   그 십자가 피로서 다 씻으사 흰 눈보다 더 정하리라

4. 저 공중에 구름이 일어나며 큰 나팔이 울릴 때에
   주 오셔서 세상을 심판해도 나의 영혼은 겁 없으리

내 영혼이 은총 입어
(438장) - 3절(내주높)

1. 내 영혼이 은총 입어 중한 죄짐 벗고 보니
   슬픔 많은 이 세상도 천국으로 화하도다

(후렴)
   할렐루야 찬양하세 내 모든 죄 사함받고
   주 예수와 동행하니 그 어디나 하늘나라

2. 주의 얼굴 뵙기 전에 멀리 뵈던 하늘나라
   내 맘 속에 이뤄지니 날로날로 가깝도다

3. 높은 산이 거친 들이 초막이나 궁궐이나
   내 주 예수 모신 곳이 그 어디나 하늘나라

한국인의 의식구조意識構造

이규태

(1) 집단의식集團意識

혼자 살아도 '우리 집'

형제로 보이는 어린이가 연 하나를 날리며 놀고 있었다. 작은 놈더러 저 연 네 것이냐고 물었더니 아니라고 고개를 흔든다.

큰 놈더러 그럼 네 연이구나 하고 묻자 역시 고개를 흔든다. 그럼 뉘 연이냐고 물었더니 '우리 연'이라는 것이었다. 그 우리 속에는 형제뿐 아니라 아버지도 가끔 날리기에 아버지까지 포함된 전체의 우리인 것이다.

연의 소유를 두고 '내'가 '우리' 속에 매몰되어 있음을 본다. 비단 일개 노리개인 연뿐만 아니라 모든 세간이나 가치를 둔 내 것이라는 단독 소유의 개념이 한국인에게는 지극히 박약하며 이 집체集體에의 개체매몰個體埋沒은 한국인에게 특출한 의식 가운데 하나랄 것이다.

일본이나 중국 그리고 구미歐美 사람들이 자기 부모나 형제·집 그리고 자기가 소속된 학교·동네·회사·단체·민족·국가·인류를 말할 때 우리라는 복수 표시를 한다는 법은 없다.

곧 '나의 어머니', '나의 집', '나의 학교', '나의 나라'로 표현하는 데 반해, 유독 한국인은 '우리 엄마', '우리 집', '우리 학교', '우리나라'로 표현한다.

"즐거운 곳에서는 날 오라 하여도 내 쉴 곳은 작은 집 내 집뿐이요…"하는 스위트 홈을 접했을 때 한국인은 이 노래에서 온 식구가 화목한, 포근하고 알뜰한 그런 스위트 홈을 느껴내지 못하고 오히려 나 혼자 외따로 떨어져 사는 고독한 '로온리 홈'이 떠오르게 마련이다. 곧 이 노래를 두고 구미인歐美人의 감회感懷와 한국인의 감회는 판이하다.

그렇게 된 원인은 간단하다. 그 노래 가사에 있는 '나의 집'이 한국인에게는 생소하기 때문이다. 만약 즐거운 우리 집으로 번역되었던들 그 감회는 달라졌을 것이다.

한국인은 우리라는 포근한 이불을 덮고 사는 적자赤子인 것이다. 추운 겨울날 아랫목에 깔아놓은 그 이불에 제각기 발을 묻음으로써 연대가치連帶價値를 형성해 온 우리였다.

구걸 방랑에 춥고 배고픈 흥부 마누라가 이러지 말고 스물일곱 식구가 뿔뿔이 헤어져 사는 편이 낫다고 했을 때 흥부의 말은 이 우리라는 연대가치를 적절하게 대변을 한다.

"스물일곱 등짝의 훈김 없이 얼어 죽으려 하오?" 우리는 이 등짝의 훈김 때문에 가난해도 굶주려도 또 외침을 받아도 나라를 빼앗겨도 수천 년을 살아낼 수 있었던 우리였던 것이다.

사실 구미의 나의 집과 한국의 우리 집은 구조적으로 다르다. 가사家事에 지칠 대로 지친 주부가 자물쇠 잠궈놓고 하루쯤 푹 쉬고 싶다는 염원은 바로 한국의 가옥구조가 나 혼자 단절해 있을 수 있는 공간을 거절하고 나 개인의 프라이버시를 철저하게 거부하는 양식으로 돼 있음을 입증하고 있다.

바꿔 말하면 구미의 가옥구조처럼 소리도 들리지 않는 두꺼운 벽과 두꺼운 도어로 차단하고 그 도어에 자물쇠까지 잠그는 철저히 차단된 나의 공간이 한국 집에는 용납되지 않는다.

한국의 집은 가족 구성원 전체의 우리 공간이다. 물론 방과 방이 차단되어 있지만 그 차단은 서양 집의 물리적 차단이 아니라 마치 금줄을 쳐놓은 듯한 정신적 차단에 불과하다.

하시何時라도 드나들 수 있고, 또 소리도 들리며 굳이 들여다볼 수 있는 종이 미닫이나 장지문짝으로 차단돼 있을 뿐이다. 곧 그 차단을 차단으로 존중하는 사람들에게만 가능한 그런 정신적 차단이다. 그러기에 방에 혼자 있어도 또 이웃 방에 아무도 없어도 항상 누군가 있을 수 있는 정신적 전제 없이 혼자일 수가 없다.

집이 우리의 공동 공간이란 점에서도 한국 특유의 '건기침 문화'가 형성된다. 생리현상으로 자연스레 나는 기침이 아니라 자기의 존재를 알리기 위해 작위적作爲的으로 내는 기침이 한국인에게만 체질화돼 있다.

마루에 올라설 때 건기침은 내가 들어가는 싸인이요, 방안에서의 건기침은 내가 이 방에 있다는 싸인이다.

어떤 공간의 이동에는 반드시 건기침이 선행되게끔 체질화된 것은 그 공간이 나만의 공간이 아니라 '우리' 복수의 공간이기 때문이다. 건기침만이 아니라 한국인의 혼잣말을 잘하는 것도 이 소치所致다.

듣는 사람도 없는데 "웬 날씨가 원" "바람 끝이 차다"느니, 괜히 강아지를 욕한다든지, 쫓을 필요도 없는 닭을 쫓는다든지, "돼지 밥을 주었느냐고 묻는다든지, "빨래가 다 말랐느냐" "할아버지 돌아오셨냐"느니 반드시 알거나 물을 필요 없는 말을 하거나 묻는다.

그것은 그 말이 담고 있는 내용을 전달할 필요에서가 아니라 우리 공간에 들어간다는 싸인으로서 헛기침과 동류의 것이다.

한국인의 집은 우리 집이기에 우리의 존재를 알리고 아는 싸인이 선행先行돼야 하고, 또 비록 문짝으로 차단되어 있다 해도 그것을 투시透視하는 눈이 활동해야 한다. 저 방에서 누가 무엇을 하고 있다는 것을 마음의 눈으로 항상 보고 있어야 한다. 한국인은 입보다 눈으로 많은 말을 한다.

먹는 습속習俗에서도 '나'는 '우리' 속에 매몰되는 테두리에서 예외가 아니다.

서양 사람들은 큰 그릇에 있는 우리 음식을 내 접시에 옮겨놓고 내 것으로 만든 다음 내 것을 먹는다.

이에 비해 한국인은 우리 음식을 한 상에 차려놓고 우리 모두가 우리 것을 직접 들어다 먹는다. 그러기에 음식상에 오른 음식은 찌개에서부터 간장에 이르기까지 우리 것이다.

제사를 마치고 제사 음식으로 비빔밥을 만들어 한 양푼에 놓고 고루 떠먹는 식속食俗도 우리의 유대紐帶를 강화하는 한국에만 있는 습속인 것이다.

그 비빔밥에는 제사상에 올렸던 선조의 제사밥이 반드시 들어가게끔 되어 있다. 그것은 살아있는 후손인 '우리'뿐만 아니라 이미 죽고 없는 선조까지도 포함시킨 대단원大團圓의 '우리'를 연대連帶시키는 미디어다.

어릴 때 잠을 못 이겨 이 제사 비빔밥을 못 먹고 자면 굳이 그 비빔밥을 남겨 아침에 먹이던 어머니의 정성은 어린 자식을 그 대단원의 '우리'로부터 소외疏外시키지 않으려는 모정이 내포되어 있었던 것이다.

옛날 어린이들은 자기 집 울안에 자란 감 하나, 밤 한 톨, 오이 하나 따먹을 수 없었다. 만약 따먹는다면 그건 우리 것을 내가 따먹는다는 탈脫 '우리'의 죄악감이 수반돼야 했다.

그 신과新果나 신곡新穀을 먼저 조상의 사당에 바친 다음 대단원의 우리로서 비로소 먹을 수 있었던 것이다.

(2) 상향의식上向意識

급히 오르는 人生 사다리

한국인은 지금 무한히 많은 단계의 사다리를 기어오르고 있다. 누구는 49계단에, 누구는 33계단에, 그리고 누구는 몇 계단에서 상향上向을 하고 있다. 밑의 계단에 있던 자가 나의 계단을 스쳐 위로 기어올라가기도 한다.

서로 모르는 사람을 처음 만났을 때 한국 사람이 맨 먼저 알고 싶은 것은 그 사람의 처해 있는 계단의 계위階位다. 나는 구미歐美에서 외국 사람으로부터 명함을 받아본 기억이 별로 없다. 그들은 그의 직능만 알리면 되지, 직위를 알린다는 것이 그다지 중요하지 않기에 명함이 필요치 않다.

그러나 한국인은 낯선 사람과의 첫 대면시 자신의 소속과 직위가 기재된 명함을 건네주는 것이 필수적 절차가 되어졌다. 이 자신의 보다 높은 상향적인 사이즈업size up이 자신이 갖고 있는 능력이나 기능 이외의 효과를 가져다주기 때문이다.

그 플러스 알파를 이 사회는 인정하고 있고 그것을 한국인은 노린다. 관청에 가서 민원民願을 할 때 보다 높은 사다리 넘버는 보다 낮은 사다리 넘버보다 한결 빨리 이뤄진다는 것이 그 한 실례다.

집요한 사이즈업의 의식은 어느 개인의 능력보다 학력 같은 외적 요소를 중요시하는 성향을 빚어 놓기도 했다.

곧 모 고등학교, 모 대학 출신이라는 것만으로 그 사람의 인격人格과 능력能力을 단정하는 것이 사회의 통념이 돼버렸다. 어떤 인격적 결함, 능력의 결함을 좋은 학력이나 학위나 일류학교에 들어가는 것으로 보상할 수 있게 된다.

한국의 일류열一流熱의 근원적인 원인은 이 한국사회의 상향구조가 빚은 사이즈업의 의식 때문인 것이다.

개화기 이래 계급사회가 부숴지고 인생의 사다리가 만인 앞에 평등히 놓여지면서 한국인에게는 능력이 평등하다는 생각도 갖게 됐다.

곧 가난한 사람, 성공하지 못한 사람, 교육을 받지 못한 사람 등 사다리의 낮은 부분에 처해 있는 사람들은 운이 나빠 혜택을 받지 못했을 뿐, 능력이 없어서 사다리 밑부분에 매달려 있는 것이 아니라는 사실을 자타가 인정하지 않으면 안되게 되어 있다.

그 옛날부터 병신이 육갑 짚는다, 가난하면서 보리밥이면 됐지 하는 등의 약자나 빈자에게 그에 상응하는 대우를 입게 한다는 것은 한국인에게는 터부가 돼 있다.

곧 능력은 있는데 세상이나 조상이나 부모나 재수 탓으로 잘못되고, 잘못 산다고 인정하는 것이 한국인의 미덕美德이다.

쥐구멍에 볕들 날이 있으며, 사람 팔자 시간 문제이고, 화무십일홍花無十日紅 하는 유의 속담이 많은 것도 이 능력 평등의식에서 비롯된 것이다.

그리하여 능력은 있는데 낮은 계층에 있거나 반드시 낮지도 않는데도 상향의욕上向意欲을 충족 못한 사람들은 자기 자식만은 자기 계위階位보다는 높은 계위에 올려놓고 싶어한다. 상향의욕의 투사대상投射對象을 자기로부터 자기 자식에 옮겨놓고 불태운다.

이 비장한 한국 부모들의 비원悲願이 병적인 교육열과 일류병을 빚었고, 그 그늘에서 고금동서에 찾아 볼 수 없는 학교 재벌이라는 것이 형성되기까지 했다.

청소년의 가출이나 도시 집중, 그리고 요즈음 잇단 '한탕하자'는 10대의 끔찍한 범죄도 이 강한 상향의식上向意識에 원인이 있다.

사다리를 한 계단 오르는 데는 그만한 노력과 근로와 땀과 책임이 수반돼야 한다. 이 상향조건上向條件은 귀찮고 싫다.

이 조건을 갖추거나 실행하지는 않고 계단을 오르는, 또 오르되 한 계단 한 계단 오르는 것이 아니라 세 계단, 다섯 계단 뛰고 싶은 당착撞着된 상향의식의 발로가 그 같은 탈출과 무모한 범죄로 나타난 것이다.

위를 보고 걷자는 노래도 있고 영화도 있었다. 위만 보고 마냥 뛸 때 낙상落傷을 한다. 상향의식 구조의 사회에는 꾸준히 기어오르는 사람보다 낙상하는 사람이 많다.

우리는 너무 위만 보고 걷는다. 옆도 보아가며 걸을 때라고 본다.

죽어서나 살아서나 귀성歸省 러시

유체遺體의 일부인 머리카락이나 이빨, 손톱, 발톱을 묻는 습속은 널리 보편화되어 있었던 것 같다. 생육신生六臣 조여趙旅의 5대손인 조민도는 임진왜란 때 종군하면서 아내에게 "나는 살아서 돌아오지 못할 테니 선영 아래 머리카락으로 허총을 만들라"면서 머리를 잘라놓고 떠났다.

그는 이일李鎰의 진중에 종군하여 전사했다. 물론 그의 시체는 찾을 길 없이 유언대로 발총髮塚을 만들었다고 한다.

고양시 벽제관 옆산에 치총齒塚으로 구전口傳된 옛 무덤이 있었다. 서울 북촌에 사는 양반인 평양조씨平壤趙氏의 무덤으로 다음과 같은 설화說話가 채집되어 있을 뿐이다.

이 조씨는 경상도의 낙동강변에 조곡租穀을 받으러 갔다가 홍수를 만나 휩쓸려가버렸다. 이 가문에서는 무덤을 만들 궁리 끝에 그의 이빨을 찾아내기로 하였다. 이때 기습妓習으로 선비가 기생에게 정情을 팔면 그 정의 크기를 실증하는 시련試煉으로 이빨을 빼서 사랑하는 기생에게 주어 정표情表로 삼는 일이 있었다.

그때 기생의 명성은 많은 이빨의 수로 보장받았으며, 정표로 받은 이빨들에 벼슬과 이름을 써 묶어 경대 설합이나 자개 보갑 속에 소중히 간직하곤 했었다.

조씨 가문에서는 조씨가 사랑했던 기생을 찾아가 조씨가 빼준 이빨의 반환을 간청하자, 그 기생은 나락 백 섬을 받고 그 이빨을 내주었으므로 세상에서 가장 비싼 이빨이요, 또 가장 비싼 정情 값으로도 소문 났었다.

치총齒塚이 이 같이 형성된 것이었다. 육신의 일부 이외에 필적筆跡을 묻어 허총을 만들기도 했다.

만주지방에서 호胡나라의 세력이 대두되자 명明나라에서는 이를 협격挾擊하고자 조정에 원군을 청했다. 이때 종군했던 명장 김응하金應河 휘하의 이유길李有吉이 김응하와 더불어 영예로운 전사를 했다. 죽을 즈음 이유길은 그의 한삼汗衫을 찢어, '오월 오일에 죽다五月五日死'라는 다섯 글자를 써서 애마愛馬의 갈기에 매어두었다.

이 말은 전진戰陣을 빠져나와 이유길의 고향까지 찾아갔으며, 가족들은 이 이유길의 한삼유필汗衫遺筆로 허총을 만들었다. 이 무덤은 파주 광탄光灘에 있었으며, 이 충마忠馬와 더불어 묻혔으므로 속칭 '말무덤'으로 구전되고 있다 했다.

이 밖에 입었던 옷이나 갓, 신발을 묻는 허총도 많이 발견되고 있다. 여말麗末의 김주金澍·예의판서禮儀判書는 고려가 망하던 공양왕 4년 명나라에 사신으로 갔다가 귀국하는 길에 압록강에 이르러 이조李朝가 개국했다는 소식을 듣고 망설이다가 들어가지 않겠다고 마음먹었다.

종에게 조복朝服과 신을 벗어주면서 부인이 죽으면 합장하라고 다음과 같은 편지를 써서 보냈다.

"충신은 두 임금을 섬기지 않는다. 내가 강을 건너가도 몸을 둘 곳이 없다. 압록강까지 왔다가 도로 명나라에 돌아가는 날, 즉 12월 22일을 내 기일忌日로 삼고 장사 지낸 후에는 지문誌文 묘갈墓碣을 하지 말라."

그는 그 길로 명나라에 들어가 명의 조정으로부터 상서尚書 녹을 받으며 형초荊楚에 귀화해 살았다.

병자호란 때 인질로 잡혀갔다가 돌아온 소현세자는 돌아와서 얼마 있지 않아 죽었다.

청나라에서 돌아올 때 그를 수행했던 청나라 시녀가 수 명 있었다. 세자가 죽자 발붙일 곳이 없던 시녀들 가운데 더러는 귀국길에 올랐다. 임진강을 건너가던 두 명의 시녀가 겁간劫姦을 당할 위기에 처하게 되자 신발을 벗고 강물에 투신했다.

뜻있는 이들이 이 신발을 묻어 임진강변에 허총을 만들어 주었으며, 이 무덤 앞에 지나다니는 문인들은 반드시 그 이국異國 여인의 원혼冤魂을 낭만적으로 승화시켜 시를 짓곤 했었다.

아무것도 없이 신주神主만을 묻은 허총의 실례도 발견되고 있다.

사육신死六臣인 성삼문成三問이 순절殉節한 뒤에 부인 김씨가 자기 손으로 신주를 써서 종에게 부탁하여 봉사奉祀하다가 김씨가 죽은 뒤에, 외손자 박호朴壕에게로 물렸는데, 박호가 자손이 없으므로 인왕산 기슭에 자신의 신주와 함께 묻도록 유언하고 죽었다.

이때 묻은 신주가 2백년 후인 현종顯宗 임자년壬子年에 호조戶曹의 아전衙前 엄의용에 의해 우연히 인왕산 비탈 무너진 곳에서 발견되었다. 그는 오지그릇을 주웠는데, 그 속에 밤나무 신주가 세 개 들어 있었던 것이다.

하나는 승지 성삼문의 것이요, 다른 두 개는 참찬參贊 박호 부부의 것이었다. 그후 성삼문의 신주는 신여神輿에 실어 홍주에 사는 외후손들이 받들고 가서 홍주 노은老隱골에 있는 성삼문의 옛집에 봉안했다.

피묻은 치마무덤, 이빨무덤 두발무덤 등 유체遺體가 없을 때는 유체의 일부를, 그도 없으면 그가 신었던 신발 등 유물을, 그도 없으면 그가 쓴 시나 그가 읽었던 책을 묻는 허총虛塚의 습속은 이 고향에 묻힌다는 강인한 의식의 표현 아니고는 설명할 길이 없다.

　서양의 기독교도들은 화장하면 최후의 심판 때 부활할 수 없으므로 시체의 보존을 중요시 하지만 반드시 고향에 묻힌다는 의식은 박약하다.

　한국에서 살던 외국인이 한국에서 죽으면 한국에 묻힐 뿐, 외국에서 죽은 한국인을 애써 운반해 오듯 한 그런 귀소의식엔 박약하다.

　거문도에 영국함대가 주둔하는 동안 3명의 병사가 죽었는데 모두 그 섬 둔덕에 묻고 갔다. 그 10여 년 후 그 병사의 아들이 무덤을 찾아왔는데 꽃 한 송이 무덤에 놓고 돌아갔을 뿐이었다.

　유럽 대륙을 횡단하는 오리엔트 급행도 연말年末에는 붐빈다. 하지만 대부분의 승객은 고향 찾아가는 귀성객歸省客이 아니라 연휴를 즐기는 여행자들이다. 귀성객이 있다면 독일에서 계약노동을 하고 있는 약간의 그리스와 터키 노동자뿐이었다.

　우리나라처럼 귀성열차를 대폭 늘려 타이어를 바꾸고 버스터미널에서 장사진을 치고 밤을 새우며, 잊을 만하면 귀성 압사사고歸省壓死事故를 빚는 이 귀성 러시야말로 한국인에게 유독 강한 귀소의식의 표현이랄 것이다.

(4) 내세관來世觀

생사연결형生死連結型 문화文化

　한국인의 내세관의 특성인 현세적 파악은 생사간의 연결적인 파악을 가능케 하고 있다. 곧 사자死者와 생자生者와의 커뮤니케이션이 가능하다고 생각한다는 점이다.

기독교에서는 이같은 생사간의 커뮤니케이션이 불가능하다는 것을 교의教義로 삼고 있다. 신과 생자간에는 성체배수聖體拜受라든가 기도라는 형태로 커뮤니케이션이 되는 것으로 알지만 살아있는 영혼과 죽은 영혼이 대화를 하고 서로 교통한다는 것은 원칙적으로 불가능하다.

카토릭의 경우 11월 1일의 만성절과 11월 2일의 '사자死者의 날'에는 사자를 회상하는 날로 돼 있어 최근에 죽은 자의 무덤을 찾아가는 풍습이 있긴 하다. 그러나 한국인의 생사연결관生死連結觀과는 질적으로 다르다.

한국인에게 있어 사람이 죽으면 영혼만은 아무 데에도 가지 않고 이승의 그와 가까운 자들 곁에 방황하고 있는 것으로 안다. 곧 심장이 멎으면 완벽하게 아웃되는 것도 아니요, 또 그 영혼이 영원하다는 것도 아닌 – 마치 석양의 붉은 빛처럼 윤곽도 없이 '막연한 물듬'으로 있다가 어느 만큼의 세월이 지나가면 일반령一般靈 가운데 용해되는 그런 영혼관이다. 그러기에, 한국인은 그 '막연한 물듬'같은 영혼을 현세에 잡아둘 수 있는 것으로 알고 또 잡아두지 않으면 안되는 것으로 알게 된다.

그 영혼을 신주神主로 잡아, 죽은 후 일정기간 동안은 제청祭廳을 만들어 한 집에서 식구들과 같이 먹고 같이 잔다.

그 일정 기간이 지나면 사당으로 신주를 옮겨놓고 집을 출입할 때마다 사당에 고해야 하고, 또 집안에 무슨 일이 있을 때마다 이를 테면 재물을 사고팔 때, 또 벼슬이 오르고 내릴 때, 혼사를 정하고 파할 때마다 반드시 사당의 영혼에게 고해야 한다. 시식時食이나 맛

있는 음식이 생기면 먼저 이 영혼에 바친 후에나 먹었다.

이처럼 죽은 자의 영혼을 산 사람처럼 현세에 살려둔다. 사당에 모시는 일정 기간이 지나면 기일忌日에 불러 제사를 지내고, 또 명절마다 불러 다례茶禮를 바치며 또 성묘를 해야 한다.

이같이 생사간은 항상 커뮤니케이션을 하고 있으며, 이같은 연결관은 한국인에게 별나게 강인한 조상의식을 빚어놓은 원인이 되고 있는 것이다.

토마스 아퀴나스로부터 데카르트에 이르는 유럽사상사의 대저大著를 남겨 유명한 볼케나우는 그의 소논문 '죽음의 개념'에서 내세관의 차이로 문화의 유형을 나누어 보고 있다.

그는 세 개의 유형을 설정하고 있는데 그 하나는 죽음을 부정하는, 곧 'Death-Denial'을 중심 원리로 하는 문명이다.

곧 죽음이란 있을 수 없다는 생각으로 메소포타미아와 이집트 문명권처럼 피라밋 속에 사자死者를 미이라로 하여 살아있는 형태로 놓아두는 그런 패턴이다. 곧 육체도 죽지 않고 산다는 그런 죽음의 부정문화권이다.

이에 비해 헤브르나 그리스문명권에서는 죽음의 수용, 곧 'Death- Acceptance'를 중심 원리로 하고 있다.

곧 죽으면 끝이라는 그런 사고이며 그러기에 이같은 사고는 죽음을 심각하게 생각하고 심각하게 생각하기에 철학이 발달할 수밖에 없었다.

이 긍정 부정 이외에 기독교 같은 죽음에의 도전, 곧 'Death-Defiance'를 중심 원리로 하는 문화권이 형성된 것이다. 곧 자기자신의 죽음을 긍정하지만 동시에 그 죽음을 어떠한 형태로든지 초월하려는 그런 사고의 문화인 것이다.

이에 비해 한국인의 내세관은 죽음을 긍정하지도 않고 또 부정하지도 않으며 초월도 하지 않은 죽음과의 연결, 곧 'Death-Combination'을 중심 원리로 하는 문명형文明型이 아닌가 싶다.

이것은 한국인을 이해하는 중요한 특성 가운데 하나가 아닐 수 없는 것이다.

* 이규태: 언론인, 조선일보 논설위원 역임. (전북 장수, 1933~2006).

11월

● 말씀 읽기: 〈사도행전 – 골로새서〉

● 요절: 네가 만일 네 입으로 예수를 주로 시인하며 또 하나님께서 그를 죽은 자 가운데서 살리신 것을 네 마음에 믿으면 구원을 받으리라. 사람이 마음으로 믿어 의에 이르고 입으로 시인하여 구원에 이르느니라.(롬10:9-10)

● 농사 절기: 입동立冬, 소설小雪

● 행사: 11월. 넷째 주-감사주간
　　　　　　　(일)-추수감사절秋收感謝節
　　　　　　　　　　국민 회개일
　　　　　　　　　　풍년을 주신 하나님께 감사
　　　　　　　　　　불우이웃 구제 실천하기

돈을 모아서 자손에게 남겨 주더라도
반드시 이를 다 지키지 못할 것이요,
책을 모아서 자손에게 남겨 주더라도
반드시 이를 다 읽지 못할 것이니,
남모르는 가운데 음덕陰德을 쌓음으로써
자손을 위하는 것만 못하다.

司馬溫公이 曰,
積金以遺子孫이라도 未必子孫이 能盡守요
積書以遺子孫이라도 未必子孫이 能盡讀이니,
不如積陰德 於冥冥之中하여 以爲子孫之計也니라.

국화 옆에서

서정주

한 송이의 국화꽃을 피우기 위해
봄부터 소쩍새는
그렇게 울었나 보다

한 송이의 국화꽃을 피우기 위해
천둥은 먹구름 속에서
또 그렇게 울었나 보다

그립고 아쉬움에 가슴 조이던
머언 먼 젊음의 뒤안길에서
인제는 돌아와 거울 앞에 선
내 누님같이 생긴 꽃이여

노오란 네 꽃잎이 피려고
간밤엔 무서리가 저리 내리고
내게는 잠도 오지 않았나 보다

* 서정주: 시인. 호 미당未堂. (전북 고창, 1915~2000).

가을날

릴케

주여, 때가 되었습니다.
여름은 아주 위대했습니다.
당신의 그림자를 해시계 위에 놓으시고
벌판엔 바람을 놓아주소서.

마지막 과일들을 결실토록 명하시고,
그것들에게 또한 보다 따뜻한 이틀을
주시옵소서.
그것들을 완성으로 몰아가시어
강한 포도주에 마지막 감미를 넣으시옵소서.

지금 집 없는 자는 어떤 집도 짓지 않습니다.
지금 고독한 자는, 오랫동안
외로이 머무를 것입니다.
잠 못 이루어,
독서하고 긴 편지를 쓸 것입니다.
그리고 낙엽 뒹구는 가로수 길을
불안스레 이곳저곳 헤맬 것입니다.

* 릴케Rainer Maria Rilke: 시인(체코 프라하, 1875~1926).

여호와의 절기들-
하나님 만나는 기쁨

엿새 동안은 일할 것이요 일곱째 날은 쉴 안식일이니 성회*의 날이라. 너희는 아무 일도 하지 말라. 이는 너희가 거주하는 각처에서 지킬 여호와의 안식일이니라.
(레23:3)-안식일(주일) *sacred assembly =예배드림 모임

첫째 달 열나흘날 저녁은 여호와의 유월절이요 이 달 열닷샛날은 여호와의 무교절이니 이레 동안 너희는 무교병을 먹을 것이요 그 첫날에는 너희가 성회로 모이고 아무 노동도 하지 말지며 너희는 이레 동안 여호와께 화제를 드릴 것이요 일곱째 날에도 성회로 모이고 아무 노동도 하지 말지니라.
(레23:5-8)-유월절(수난절, 부활절)

안식일 이튿날 곧 너희가 요제로 곡식단을 가져온 날부터 세어서 일곱 안식일의 수효를 채우고 일곱 안식일 이튿날까지 합하여 오십일을 계수하여 새 소제를 여호와께 드리되
(레23:15-16) -칠칠절, 오순절, 초실절(맥추감사)

이스라엘 자손에게 말하여 이르라 일곱째 달 곧 그 달 첫날은 너희에게 쉬는 날이 될지니 이는 나팔을 불어 기념할 날이요 성회라 어떤 노동도 하지 말고 여호와께 화제를 드릴지

니라. (레23:24-25)-나팔절

일곱째 달 열흘날은 속죄일이니 너희는 성회를 열고 스스로 괴롭게 하며 여호와께 화제를 드리고 이 날에는 어떤 일도 하지 말 것은 너희를 위하여 너희 하나님 여호와 앞에 속죄할 속죄일이 됨이니라. (레23:27-28)-속죄일

너희가 토지 소산 거두기를 마치거든 일곱째 달 열닷샛날부터 이레 동안 여호와의 절기를 지키되 첫날에도 안식하고 여덟째 날에도 안식할 것이요(레23:39), 너희는 이레 동안 초막에 거주하되 이스라엘에서 난 자는 다 초막에 거주할지니(레23:42)-초막절, 장막절, 수장절(추수감사절)

수고하고 무거운 짐 진 자들아 다 내게로 오라 내가 너희를 쉬게 하리라. 나는 마음이 온유하고 겸손하니 나의 멍에를 메고 내게 배우라. 그리하면 너희 마음이 쉼을 얻으리니 이는 내 멍에는 쉽고 내 짐은 가벼움이라. (마11:28-30)

공중 나는 새를 보라
(588장) - 4절(공들너너)

1. 공중 나는 새를 보라 농사하지 않으며
   곡식 모아 곳간 안에 들인 것이 없어도
   세상 주관하는 주님 새를 먹여 주시니
   너희 먹을 것을 위해 근심할 것 무어냐

2. 들의 백합화를 보라 길쌈 수고 안 해도
   솔로몬의 입은 옷도 이 꽃만 못하였네
   아궁 속에 던질 풀도 귀히 입히시거든
   사랑하는 자녀들을 입히시지 않으랴

3. 너희들은 세상에서 무엇 먹고 마시며
   무슨 옷을 입고 살까 염려하지 말아라
   이는 이방 사람들이 간구하는 것이요
   너희 하늘 아버지는 너희 쓸 것 아신다

4. 너는 먼저 주의 나라 그의 의를 구하면
   하나님이 모든 것을 너희에게 주시리
   내일 일을 위하여서 아무 염려 말지니
   내일 염려하지 말라 오늘 고생 족하다

나 어느 날 꿈속을 헤매며

(134장) – 4절(나그그이)

1. 나 어느 날 꿈 속을 헤매며 어느 바닷가 거닐 때
   그 갈릴리 오신 이 따르는 많은 무리를 보았네
   나 그때에 확실히 맹인이 눈을 뜨는 것 보았네
   그 갈릴리 오신 이 능력이 나를 놀라게 하였네

(후렴) 내가 영원히 사모할 주님 참사랑과 은혜 넘쳐
       나 뵈옵고 그 후로부터 내 구주로 섬겼네

2. 그 사랑의 눈빛과 음성을 나는 잊을 수 없겠네
   그 갈릴리 오신 이 그때에 이 죄인을 향하여
   못 자국 난 그 손과 옆구리 보이시면서 하신 말
   네 지은 죄 사했다 하실 때 나의 죄짐이 풀렸네

3. 그 사나운 바다를 향하여 잔잔하라고 명했네
   그 파도가 주 말씀 따라서 아주 잔잔케 되었네
   그 잔잔한 바다의 평온함 나의 맘속에 남아서
   그 갈릴리 오신 이 의지할 참된 믿음이 되었네

4. 이 세상의 무거운 짐진 자 모두 주 앞에 나오라
   그 놀라운 은혜를 받아서 맘의 평안을 얻으라
   나 주께서 명하신 복음을 힘써 전하며 살 동안
   그 갈릴리 오신 이 내 맘에 항상 계시기 원하네

국민교육헌장 선포 담화문

박정희

　우리는 오늘 전 국민의 이름으로 "국민교육헌장"을 선포하게 되었습니다. 오늘부터 우리는 국민 모두가 민족중흥의 역사적 사명을 자각하고 새로운 역사를 창조해 나가는 나라의 주인으로서 이 헌장을 생활화할 것을 맹세하는 것입니다.

　전문 393자로 집약 표현된 이 헌장은 오래 전부터 우리 국민 모두가 공감하고 그 필요성을 절실히 느껴온 국민 윤리의 기둥이며, 우리가 힘써 닦아 나가야 할 국민 교화의 지표라고 할 것입니다.

　이 헌장이 나오기까지에는 우리나라 학계, 언론계, 종교계, 산업계 등 각계각층의 요망과 의견 등이 집약되었고, 또 그 초안을 작성하는 과정에서는 오랫동안 각계 인사들의 성의를 기울인 논의와 수정이 거듭되었으며, 국회에서는 본회의에서 만장일치로 찬성, 동의하는 등 정부와 국회와 국민이 합심 협력해서 헌장을 만들어 오늘 선포된 것입니다.

　이 헌장은 결코 누가 누구에게 강요하는 강제 규범이 아니라, 국민 속에서 우러나고 국민의 중지가 엉켜서 이룩된 자

율적인 국민 윤리의 대강이라는 데 큰 뜻이 있는 것입니다.

지금 우리나라는 정치적 안정과 경제적 발전을 통해서 널리 온 세계에서 개발도상국가의 시범이라고까지 불리고 있지만, 국민정신의 자기혁신이 없이는 더 이상의 큰 진전을 기대하기 어려운 것입니다.

무릇 경제적 번영의 밑바닥에는 강인한 의지와 근면한 노력에 사는 국민이 있는 법이며, 민족중흥의 저력은 국민정신의 개혁 운동에서 우러나는 것입니다.

나는 이 헌장의 선포에 즈음하여, 과거 우리 선인들의 미덕을 계승하는 데만 그치지 않고 보다 밝은 내일을 창조하는 데 중점이 두어져야 할 것을 강조하고자 합니다.

조국 통일과 경제적 번영을 이룩하고야 말 대한 민족 웅비의 정신적 바탕을 마련하는 데 있어서 그 진로를 밝혀주는 교육 지표라는 데 더 큰 관심을 두어야 하겠다는 것입니다.

따라서 이 헌장이 국민 생활의 생생한 규범이 되고, 나아가서 먼 훗날까지 길이 빛나는 역사적 문헌이 되게 하기 위해서는 먼저 국민 스스로가 이 헌장을 이념으로 자기를 교육해 나가는 자각적 실천이 요청되는 것이며, 아울러 미래에 사는 개척자적 긍지와 의지를 견지해야 하겠습니다.

이 헌장을 "생동하고 생산적인 행동 규범"으로 만드느냐 않느냐 하는 것은 국민의 마음과 실천에 달려 있다고 할 것입니다.

나는 이 헌장에 그려진 이상적인 국민상이 모든 학교 교육에 있어서 지표가 될 것을 기대할 뿐만 아니라, 한 걸음 나아가서 널리 국민 생활 전반에 걸쳐 일상생활 속에 뿌리박기를 마음속으로부터 당부하는 바입니다.

특히 신문, 방송 등 언론기관을 비롯하여 우리나라 성인교육, 사회교육을 담당하고 있는 분들이나 각계각층의 지도자들이 앞장서서 국민교육헌장의 일상적인 실천에 앞서 주시기를 진심으로 당부하는 바입니다.

끝으로 이 헌장의 한 구절을 여기에 인용하여 국민교육헌장의 선포를 축하하고, 국민 여러분과 다 함께 새로운 결의를 다짐하고자 합니다.

"길이 후손에 물려줄 영광된 통일조국의 앞날을 내다보며 신념과 긍지를 지닌 근면한 국민으로서 민족의 슬기를 모아 줄기찬 노력으로 새 역사를 창조하자."

국민교육헌장國民教育憲章

우리는 민족중흥의 역사적 사명을 띠고 이 땅에 태어났다. 조상의 빛난 얼을 오늘에 되살려, 안으로 자주독립의 자세를 확립하고, 밖으로 인류 공영에 이바지 할 때다. 이에 우리의 나아갈 바를 밝혀 교육의 지표로 삼는다.

성실한 마음과 튼튼한 몸으로, 학문과 기술을 배우고 익히며, 타고난 저마다의 소질을 계발하고, 우리의 처지를 약진의 발판으로 삼아, 창조의 힘과 개척의 정신을 기른다.

공익과 질서를 앞세우며 능률과 실질을 숭상하고, 경애와 신의에 뿌리박은 상부상조의 전통을 이어받아, 명랑하고 따뜻한 협동정신을 북돋운다.

　우리의 창의와 협력을 바탕으로 나라가 발전하며, 나라의 융성이 나의 발전의 근본임을 깨달아, 자유와 권리에 따르는 책임과 의무를 다하며, 스스로 국가 건설에 참여하고 봉사하는 국민정신을 드높인다.

　반공 민주 정신에 투철한 애국애족이 우리의 삶의 길이며, 자유 세계의 이상을 실현하는 기반이다. 길이 후손에 물려줄 영광된 통일 조국의 앞날을 내다보며, 신념과 긍지를 지닌 근면한 국민으로서, 민족의 슬기를 모아 줄기찬 노력으로 새 역사를 창조하자.

1968년 12월 5일

대통령 박정희

* 박정희: 제5대~9대 대통령. (경북 구미, 1917~1979).

12월

● 말씀 읽기: 〈데살로니가 전서 – 요한계시록〉

● 요절: 항상 기뻐하라 쉬지 말고 기도하라 범사에 감사하라. 이것이 그리스도 예수 안에서 너희를 향하신 하나님의 뜻이니라. (살전5:16-18)

● 농사 절기: 대설大雪, 동지冬至

행사: 12월 25일-성탄절‥평화의 왕, 예수님 오심을
              축하하고 감사
              찬양하세 하나님께 영광,
              땅에는 평화
    12월 31일-말일‥송구영신 축복하며 교유交遊하기

〈 명심보감 교훈 〉

하늘의 들으심이
고요하여 소리가 없으니
푸르고 푸른데 어느 곳을 찾을 것인가.
높지도 않고 멀지도 않은지라
모두가 다만 사람의 마음에 있는 것이다.

康節昭先生이 曰,
天聽이 寂無音하니 蒼蒼何處尋고.
非高亦非遠이라 都只在人心이니라.

산골 사람

황금찬

그는 물소리만 듣고
자랐다
그래 귀가 맑다

그는 구름만 보고
자랐다
그래 눈이 선하다

그는 잎새와 꽃을 이웃으로 하고
자랐다
그래 손이 곱다

어머니와 아버지의 평범한 가르침
선하고 착하게 살아라
네가 그렇게 살기를
우리는 바라고 있다

나는
충성과 효도를 모른다
다만 어머니와

아버지의 말씀을
잊지 못하고
살아 갈 뿐이다.

오늘
내가 남길 교훈은
무엇일까
나도 평범한 애비여서
선하고
착하게 살아라

사랑하는
아들아, 딸들아
이 말 밖에
할 말이 따로 없다.

* 황금찬: 시인, 교사(강원 속초, 1918~2017).

귀천歸天

천상병

나 하늘로 돌아가리라.
새벽빛 와 닿으면 스러지는
이슬 더불어 손에 손을 잡고

나 하늘로 돌아가리라.
노을빛 함께 단 둘이서
기슭에서 놀다가 구름 손짓하면은,

나 하늘로 돌아가리라.
아름다운 이 세상 소풍 끝내는 날,
가서, 아름다웠더라고 말하리라 …

* 천상병: 시인, 문학평론가(경남 마산, 1930~1993), 일본에서 출생.

사명자II, 천로여정의 승리자

그러므로 이제는 여호와를 경외하며 온전함과 진실함으로 그를 섬기라. 너희의 조상들이 강 저쪽과 애굽에서 섬기던 신들을 치워 버리고 여호와만 섬기라. 만일 여호와를 섬기는 것이 너희에게 좋지 않게 보이거든 너희 조상들이 강 저쪽에서 섬기던 신들이든지 또는 너희가 거주하는 땅에 있는 아모리 족속의 신들이든지 너희가 섬길 자를 오늘 택하라. 오직 나와 내 집은 여호와를 섬기겠노라 하니. (수24:14-15) 여호수아

여호와께서는 너희를 자기 백성으로 삼으신 것을 기뻐하셨으므로 여호와께서는 그의 크신 이름을 위해서라도 자기 백성을 버리지 아니하실 것이요, 나는 너희를 위하여 기도하기를 쉬는 죄를 여호와 앞에 결단코 범하지 아니하고 선하고 의로운 길을 너희에게 가르칠 것인즉 너희는 여호와께서 너희를 위하여 행하신 그 큰일을 생각하여 오직 그를 경외하며 너희의 마음을 다하여 진실히 섬기라. 만일 너희가 여전히 악을 행하면 너희와 너희 왕이 다 멸망하리라.
(삼상12:22-25) 사무엘

내가 여호와를 항상 송축함이여 내 입술로 항상 주를 찬양하리이다. 내 영혼이 여호와를 자랑하리니 곤고한 자들이 이를 듣고 기뻐하리로다. 나와 함께 여호와를 광대하시다 하며

함께 그의 이름을 높이세. 내가 여호와께 간구하매 내게 응답하시고 내 모든 두려움에서 나를 건지셨도다. (시34:1-4) 다윗

　당신은 가서 수산에 있는 유다인을 다 모으고 나를 위하여 금식하되 밤낮 삼 일을 먹지도 말고 마시지도 마소서. 나도 나의 시녀와 더불어 이렇게 금식한 후에 규례를 어기고 왕에게 나아가리니 죽으면 죽으리이다 하니라. (에4:16)- 에스더

　전제와 같이 내가 벌써 부어지고 나의 떠날 시각이 가까웠도다. 나는 선한 싸움을 싸우고 나의 달려갈 길을 마치고 믿음을 지켰으니 이제 후로는 나를 위하여 의의 면류관이 예비되었으므로 주 곧 의로우신 재판장이 그 날에 내게 주실 것이며 내게만 아니라 주의 나타나심을 사모하는 모든 자에게도니라. (딤후4:6-8)- 바울

　예수께서 이르시되 나는 부활이요 생명이니 나를 믿는 자는 죽어도 살겠고 무릇 살아서 나를 믿는 자는 영원히 죽지 아니하리니 이것을 네가 믿느냐? 이르되 주여 그러하외다 주는 그리스도시요 세상에 오시는 하나님의 아들이신 줄 내가 믿나이다. (요11:25-27)- 마르다

주여 지난 밤 내 꿈에
(490장) - 3절(주마세)

1. 주여 지난 밤 내 꿈에 뵈었으니 그 꿈 이루어 주옵소서
   밤과 아침에 계시로 보여주사 항상 은혜를 주옵소서

(후렴)
   나의 놀라운 꿈 정녕 나 믿기는 장차 큰 은혜 받을 표니
   나의 놀라운 꿈 정녕 이루어져 주님 얼굴을 뵈오리라

2. 마음 괴롭고 아파서 낙심될 때 내게 소망을 주셨으며
   내가 영광의 주님을 바라보니 앞길 환하게 보이도다

3. 세상 풍조는 나날이 변하여도 나는 내 믿음 지키리니
   인생 살다가 죽음이 꿈같으나 오직 내 꿈은 참되리라

거룩한 밤 별빛이 찬란
(622장) - 3절(거우주)

1. 거룩한 밤 별빛이 찬란하다 우리 주 예수님 나신 이 밤
   오랫동안 죄악에 얽매여서 헤매던 우리 위해 오셨네
   온 땅이 주의 나심 기뻐하며 희망의 아침 밝아오도다
   무릎 꿇고 천사와 화답하라 오 거룩한 밤 주님 탄생하신 밤

(후렴)
   이 밤 거룩한 밤 거룩한 밤

2. 우리 모두 믿음의 빛을 따라 그 앞에 감사히 다 나가세
   동방박사 별빛의 인도 따라 주 나신 베들레헴 찾았네
   만왕의 왕이 이 땅 위에 오셔 우리의 참된 친구 되시네
   우리들의 연약함 아신 주님 다 경배하라 만왕의 왕 주님께

3. 주의 뜻은 사랑과 평화로다 우리도 서로를 사랑하세
   주님께서 사슬을 끊으시니 이 땅의 억눌림이 사라져
   기쁨의 찬송 함께 부르면서 주님의 이름 높이 기리세
   주 예수님 그 이름 영원하리 다 선포하세 주님 크신 능력을

십만양병설

申若梅

21세기 초, 남북한이 분단되어 있을 때 남한의 대학가와 지식사회에 '정의'에 대한 열풍이 분 적이 있었다. 그때 남한 국민들 중에는, 지성인들이 정의에 대해 공부를 많이 하는 걸 보고 '이 나라가 앞으로는 더 정의로운 사회가 되겠구나' 하고 기대하는 이가 더러 있었다.

정의에 대한 공부가 뜨겁게 달아오른 때는 2010년 이후 몇 년간으로 미국 하버드대 교수인 한 정치철학자가 불을 지폈다. 그가 서울을 방문해 강의하면 수만 명이 운집하고, 사회정의에 대한 갈망 때문인지 그의 책은 200만부 이상 팔리는 초대형 베스트셀러가 되었다. 사람들 기대 대로라면 7~8년 후면 남한은 대단히 정의로운 사회에 진입해 있어야 맞다.

그런데 2018년 말의 대한민국은 오히려 건국 이래 가장 정의롭지 못한 사회로 변모되었음을 목격했다. 65세가 넘은 전직 대통령 두 명이 여느 강도 살인범보다 더 불의한 죄를 범해, 살아서는 나오기 힘든 수십 년의 징역형을 언도받아 수감되었다.

검찰은 그 정도 형벌로는 부족하다고 보고 몇 가지 죄목을 더 찾아서 얹어 상급심에 상고했고, 대법원은 세기적 명판결을 벼르며 수장을 바꾸고 우리법 연구에 특별한 조예가 있는 판관들을 전진에 배치하여 죄수들을 당장 사자굴에라도 던져 넣을 태세였다.

평생 정치와는 상관없이 산업가와 농부로 일했던 송현철 영감은 본시 온유한 사람이었지만, 이 대목에서는 울화가 치밀어 견딜 수가 없었다. 그가 대체 이 땅의 지성인들에게 무슨 정의를 가르쳐났기에, 나라가 이토록 불의하게 변했는지 알아볼 요량으로 시집 간 딸에게 그가 쓴 책 한 권을 부탁해 입수한 뒤 그가 주장하는 정의를 뒤늦게나마 공부해 보기로 했다.

책을 다 읽고 나서야 알았다. 아뿔싸! 그 책에는 하나님 얘기가 한 줄도 없었다. 정의를 만들고 정의의 본체이신 하나님을 쏙 빼놓고 가짜 정의를 팔아먹다니! 그러면 이 자가 주장하는 정의란 과연 무엇이었던가? 송 영감은 책의 내용을 꼼꼼히 탐독하고서야 핵심 주제어 몇 개를 찾아냈다. '복지, 선택의 자유, 평등, 차별금지, 미덕 추구' 등 대부분 이미 식상한 용어들로 귀에 걸거나 코에 걸기에 적당한 논쟁의 씨앗들이었다.

별 대수롭지 않은 내용으로 야단법석을 떨며 장안의 지가를 올려놓다니 기가 찰 노릇이었다. 그렇다고 이 자를 나무랄 일은 아니었다. 속아 넘어간 한국인이 문제였다. '세상의 정의가 하나님의 정의에서 멀리 벗어나 버렸다'는 것과 '한국인들은 명품이라면 가짜 지식에도 열광한다'는 것을 확인한 것에 만족하기로 했다.

차라리 간단하게 두어 줄로 "사람은 엿새 동안 힘써 일하고, 일곱째 날인 주일에는 즐겁게 안식하며 자기를 지으신 창조주께 감사하고 예배하는 것이 정의요 진리니라." 이 구절이면 다 되었었다.

송 영감은 정의에 대한 이해가 빗나갔다는 생각에, '정의사회가 구현'되기를 기대한 것은 애초부터 무모한 바람이라고 자위했다. 논쟁의 씨앗들을 적당히 뿌려놓았으니, 치열하게 다투고 갈등하고 조정하여 각자의 정의를 최선의 것으로 골라 갖으라는 것이라고 정리했다.

법이 공정하게 집행되는 나라라면 또 몰랐다. 떼법과 인민 재판식 독단이 위력을 떨치던 당시의 한국사회는 사생결단 대결하는 자질은 우수하지만 조정하고 타협하는 기술은 미숙했다. 이러한 학습 방식은 정의사회 정착에 도움이 되지 못하고, 오히려 이편의 정의와 저편의 정의가 서로 배치되는 경계선에서는 빈번하게 분열과 반목과 혼란을 야기했다.

정의란 어느 학자의 사상적 성향이나 세상의 시류에 따라 해석이 바뀌어도 되는 의가 아니다. 그것은 영원하신 창조주의 말씀에 근거한, 불변하는 진리에 부합되는 도리와 가치인 것이다.

송 영감은 자신의 나이를 생각할 때 이번엔 그냥 넘어가지 말아야 한다고 다짐의 주먹을 쥐었다. 그러잖아도 지난 수십 년 동안 토종 종교철학자 한 명이 한국인의 심성 형성에 끼친 해악을 생각할 때마다 의분을 삭이며 참아오던 차였다.

그 자는 두발 모양과 복장은 스님처럼 꾸미고 있지만 하는 말을 들어보면 불자도 아닌 것 같았다. 그 자도 하버드대 물을 조금 마셨다고 했는데, 불교와 유교, 도교, 기독교의 모든 교리에 정통한 듯 범신론을 펼치면서 안티 기독교 강의에 열정을 쏟았다.

십여 년 전에는 교육방송 TV 전파를 타고 앉아서는 '학문으로서

의 요한복음 강해'라는 주제로 성경을 강해하였다. 그때 요한복음
의 핵심 내용을 빈정거리면서 "천국은 없다"고 단언했다. 순간 송
영감은 텔레비전 수상기를 깨부술 것 같아 재빠르게 다른 채널로
돌렸다. 이런 자에게 공영방송국이 출연료를 지불하면서까지 거짓
진리를 확산시키는 의도가 어디에 있는지 그때는 알 수가 없었다.

적그리스도의 공세는 진즉부터 시작되었다. 말세에 기롱欺弄하는
자들이 나타나서 거짓을 퍼뜨릴 것이라고 예언된 바였다. 어쩌면
이미 그때가 도래했다는 것을 실감나게 했다.

근자에는 사소한 기독교계 비리가 발생하면, 마치 기다렸다는 듯
공중파 방송국들이 사건을 침소봉대하여 앞다퉈 보도했다. 대중을
상대로 기독교 혐오감을 조장하는 일이 일상화 되었으며, 심지어
'기독교' 명칭을 상호의 첫머리에 사용하는 방송국조차 기독교의
품위에 상처를 내는 보도 경쟁에 동참하는 것을 자주 봐왔다.

이러한 일련의 안티 기독교 보도가 송출된 다음에는 항상 문제
가 발생했다. 언론과 교육계, 문화계에서 노골적인 반기독교 선동
이 뒤따랐다. 이로 인해 부흥하던 기독교계에 전도의 불길은 꺼지
고, 청소년들의 교회 이탈을 선두로 하여 신앙인 숫자가 썰물 빠지
듯 빠져나갔다. 거기에 더하여 기독교의 쇠퇴를 촉진하는 촉매제에
정부의 무신경한 교육·노동정책이 불을 질렀다.

하나님의 창조 질서에 의하면, 사람은 엿새 동안 열심히 일하고
일곱째 날에는 쉬면서 창조주께 예배하도록 지음을 받았다. 그런데
정부가 나서서 학교의 토요일 수업을 금지하고, 기업에게는 토요
일에 일을 못하도록 강제하면서 이틀간의 주말연휴로 묶어주었다.
신앙 기반이 연약한 성도들의 일요일 예배 참석을 교묘하게 방해한
것이다.

결국 개별 교회의 청소년부 주일학교가 활력을 잃어가면서 미래의 인재들이 신앙 교육을 받지 못하고 사회에 진출했다. 그 결과 한국사회는 이슬비에 옷이 젖듯이 서서히 불의한 사회로 변모되어가고 있었던 것이다.

진실로 한국 교회의 위기였다. 이 위기는 곧 대한민국의 위기였음에도 국민들은 알지 못했다. 이토록 교회가 위급한 순간을 맞기까지 대문 앞에 풀어둔 이눔의 개들은 한마디도 짖지않고 조용히 엎드려만 있었다.

대한민국은 20세기의 말에 크리스천의 본분인 해외 선교와 구제사업을 가장 역동적으로 수행하고 있다. 그러자 첫째 사람 아담을 유혹하여 파계하도록 꼬드기고, 둘째 아담 예수를 시험하러 찾아왔던 사탄이 이 나라를 찾아와 뒤흔들고 있는 것이다. 지금 신앙의 기반을 허물어뜨리고 있는 데도 도적이 들어왔다고 큰소리로 외치는 이가 없다는 사실이 정말 놀라웠다.

그 많은 신학교의 교수들과 유수한 교회의 목회자들은 다 어디로 간 것인가. 지금까지 이 현상은 자기네와 상관없는 일인 양 '소 닭 보듯' 무신경하거나, '호수에 배 지나간 자리' 정도로 무심히 지나칠 뿐 대응논리를 개발하고 맞서 싸울 생각을 하지 않음은 참으로 신기하다.

사이비 철학이 신학을 조롱하고, 삯꾼목자들은 잃은 양을 찾아 나서지 않으며, 이성이 마비된 방송들이 아귀처럼 기독교를 물어뜯고, 교묘한 교육정책은 교회를 시들게 했다. 이러한 일련의 정책들은 모두가 일사불란한 사탄의 공작에 의한 것이다.

사탄의 목적은, 종내는 한국을 왕성한 선교 국가에서 끌어내리려는 것이라 확신했다. 바울사도시대 초대 교회의 발상지로 서방 선교의 전초기지였는데, 지금은 이교도 지배하에 기독교가 멸절 상태인 터키공화국처럼 만들려는 의도인 것이다.

한국의 교세가 감소하는 것은 세계 공통의 현상이라는 논리로 자연스럽게 받아들여서는 안 되었다. 예수님 재림시까지 구원의 노력을 중단해서는 아니 된다. 그냥 편안하게 현상 유지에 힘쓰다가 선배 세대나 무사히 천국 들어가고 말자는 꿈을 꾸는 것이 아니라면, 한국 교회는 다시 부흥의 불씨를 살려야 한다. 놀라운 은혜를 받고도 감사하고 보은하기를 게을리하는 배은망덕한 민족은 존속시킬 가치가 없다고 하나님이 결론내리시는 게 두려웠다.

우리 민족은 지극히 미약했던 시절, 도저히 바랄 수 없는 중에 하나님의 긍휼하신 손이 작용하여 해방과 건국을 선물받았다. 6·25 한국전쟁 시 물밀 듯이 달려드는 중공군과 북한 인민군대의 겁박 앞에 후퇴하는 것 외에는 대책이 없을 때, 낙동강 끝자락에서 기적을 보여주셨다. 적을 격퇴하고, 전쟁의 폐허 위에서 인류 역사상 유례를 찾을 수 없는 짧은 기간에 산업 선진화와 민주화, 신앙 강국을 동시에 성취하게 해주셨다. 마지막 때에 특별한 사명을 담당할 민족으로 하나님께서 우리를 선택하셨기 때문이다.

그래서 우리 민족은 예수님이 천년 후에 오시더라도 내일 오실 듯이, 내일 오시더라도 천년 후에 오실 것처럼 변함없는 신앙을 유지해야 한다. 우리의 자식들과 권속들로 여호와의 도를 지켜 의와 공도를 행하게 하고, 나아가 땅끝까지 복음을 전파하라는 예수님의 지상명령에 순종해야 할 의무를 지녀야 한다.

범부에 다름 아닌 송 영감의 의지는 결연했다. 이번에는 정말로 그냥 두고 넘어가지 않겠다고 재차 다짐했다. 재작년에 40년간 섬기던 작은교회 장로를 은퇴한지라 지금은 아무것도 아닌 그냥 영감이었다. 그는 가진 것 없는 무명의 늙은이가 마음만 뜨거워서 결기를 벼른들 무엇을 어쩌자는 것이냐고 자책도 했다. 송 영감은 이럴 때면 가슴이 답답하고 괜히 마른 침을 삼키는 버릇이 나오며, 어김없이 중학생 시절 강석현 선생님 말씀이 생각났다.

송 영감의 마음속 깊은 곳에 가치관의 기초를 다져놓은 분으로 국어와 한문을 가르치셨다. 그 당시 초·중등교 국어수업은 한자를 조금 익힌 아이라면 따로 공부할 것이 없었다.

송현철은 초등학교 입학하기도 전에 큰형의 6학년 교과서를 줄줄 읽었고, 어른들이 들마루에 모여앉아 장기를 두면 어른들 무릎 사이로 얼굴을 들이밀며 "상象길이 잖아요, 거긴 마馬길예요."라며 훈수를 두다가 여러 번 혼나기도 했었다. 그래서 중학생 송현철은 한문시간이 오히려 재미있었다.

3학년 때인가, 아마 5·16 군사혁명이 나던 해로 기억된다. 강 선생님은 이율곡의 '십만양병설十萬養兵說'을 설명하면서 아쉬움에 혀를 여러 번 끌끌 찼다.

임진왜란이 발발하기 10년 전, 일본의 정국이 수상하니 전란에 대비하여 십만의 정예병을 양성하자고 상소했지만 후배 정치인 류성룡의 반대로 무산되었다. 후일 류성룡은 전란의 참상을 겪은 내용을 『징비록懲毖錄』에 자세히 기술했지만, 앞날을 내다보지 못한 근시안은 너무나도 통탄할 일이라고 했다.

임진왜란이 일어났을 때, 율곡의 예측대로 조선의 허약한 군대는 변변히 저항도 해보지 못한 채 순식간에 무너져 전 국토가 왜군에 짓밟혔다. 이순신 장군의 23전 23승이라는 전무후무한 승전으로 7년간의 긴 전쟁은 끝을 맺었다. 그러나 국력의 쇠퇴를 극복하지 못하고 조선은 500년 찬란한 역사의 막을 내렸다.

그때 강 선생님은 힘주어 말씀하셨다.

역사는 되돌릴 수 없지만 되풀이 되는 법이니, 슬픈 역사가 반복되지 않도록 국민들 각자가 맡은 자리에서 삼가고 본분을 다하는 것이 중요하다면서 학생은 직분인 공부를 열심히 해두어야 한다고 했다. 사람에게는 절호의 기회가 일생에 한두 번 반드시 오는 데, 자기의 때가 왔다고 판단되면 군인이든 농부든 학생이든 누구나 결단하고 나와서 목숨을 거는 것이 옳다고 말씀하셨다.

송 영감은 지금이 바로 그 시점이라는 생각이 들었다. 비록 자신이 성경 속의 '갈렙' 선배님만큼의 용력을 소유하지 못하였다 할지라도, 다른 이들이 모두 꿈쩍을 않고 있으니, 나라의 장래를 위해서는 자기라도 죽기 전에 나서야 한다고 생각했다. 비록 망상가 돈키호테라고 조롱해도 어쩔 수 없다고 스스로를 위안삼았다.

1961년 한국의 사정은 암울했다. 정치는 무력하고 백성들은 희망을 잃은 채 기아선상을 헤매고 있을 때, 군인 박정희의 꿈은 '민족중흥'이었다. 우리의 역사에서 그의 꿈이 없었으면 오늘날의 대한민국은 어떻게 되었을까.

그는 벌집을 터뜨린 듯 분분하던 논란에 아랑곳하지 않고, 오로지 꿈을 실현할 '경제개발5개년 계획'을 3차까지 과감한 추진력으로 밀어부쳤다. 그러다가 제4차 5개년 계획을 수행 도중 바톤터치도 못한 채 불운한 혜성처럼 우주공간으로 사라져갔다. 그가 흩뿌려 놓은 경제개발의 운석들은 오늘날 선진공업국 한국에서 빛을 발하고 있으니 얼마나 장한 일인가.

송 영감이 보기에 '민족중흥' 이후에 국가의 경영 목표를 변변하게 제시한 사람이 없었다. 오히려 교회와 나라가 병들어 그 존망이 위태로운데도 깨닫는 사람이 없었을 뿐더러 류성룡, 김성일 류의 정치인, 선지자들만이 여일 일어나 당파싸움과 모략질, 한줌거리의 교권 세습에 정신이 팔려있다.

나라의 병폐는 또 하나 있었다. 21세기에 들어와 한국인의 성격이 나날이 고약해져 가고 있다. 그리고 이 병폐는 크리스천의 숫자가 감소하는 것과 절대로 관련이 있다고 믿었다.

불신자들은 이념에 사로잡히면 무슨 일이든 선악을 판단치 않고 처리함에 주저하지 않았다. 그리하여 한국인의 성격 중, 그나마 한 조각 남아있는 미덕이라 여겼던 '염치, 공손, 선비정신'은 이제 완전히 사라져 박물관에나 가야 찾아볼 수 있을 지경이 되었다.

하나님께서 오늘 한국에서 의인의 숫자를 계수하신다면 과연 몇 명이나 합격점에 이를까? 감옥에 들어간 자만 불의하고 감옥에 쳐 넣은 자는 과연 선량할까? 송 영감은 '다니엘'을 사자굴에 던져 넣었던 때의 교훈을 되새겨보았다.

이 병은 정의와 공도를 바르게 세워야 고칠 수 있다고 믿었다. 정의와 공도는 철학자와 정치가의 요설이나 만담가의 민주화 타령에서 도출할 수 있는 것이 아니었다. 오로지 예수 그리스도의 복음과 경천애인敬天愛人하는 믿음이 백성들 개개인의 마음에 새겨질 때 나라와 민족이 나아갈 바른길이 밝게 보여지는 것이다.

문제 해결의 방안은 오직 하나님께만 있다. 하나님께서 고쳐주시면 고쳐진다. 우리 민족이 고대하는 남북통일도 마찬가지이다. 우리가 불한 민족으로 살아가는 한 통일과 번영까지 안겨주어 인류에게 악영향을 발산하도록 하나님께서 허용하실 리가 만무하다.

하나님은 택한 민족일수록 복을 부어주시기 전에 먼저 성결을 요구하신다. 이제 우리에게 시급한 과제는 '민족 성결聖潔'이다. 우리

백성들이 모두 예수님을 믿어 죄를 없이 하고, 그분의 가르침에 순종함으로써 성품을 순결하고 고상하게 정화하기 전에는 구원도 소망도 통일도 없다. 한국의 모든 기독교인들이 "대한사람 절반이 예수님 믿는 나라를 만들자"라는 꿈을 마음에 품고, 열심히 기도하고 전도하는 "민족 성결화 운동"을 전개하여야 한다.

매화꽃을 이제는 피워야 한다. 송 영감의 아호는 약매若梅이다. 그의 호는 중학교 2학년 때 강 선생님이 수업시간에 지어준 것이다.

"현철이네 아버지 고향을 내가 잘 알지. 동네 이름이 매정동인데, 매화꽃으로 둘러싸인 우물이 있는 동네라는 뜻이니 얼마나 아름다운 이름이냐? 그런데 매화꽃은 예쁘기는 하지만 일시에 피었다가 금세 시들어 떨어지는 것이 아쉽단 말이야. 반면 초봄에 아름다운 꽃을 피우기 위하여 추운 겨울 내내 인내하며 터뜨릴 채비를 꾸준히 해온 꽃봉오리는 활짝 핀 꽃보다 오히려 더 예쁘단다. 머지않아 예쁜 꽃을 피울 수 있다는 희망을 품고 있기 때문이지. 사람도 그 희망으로 사는 거야. 매화꽃 봉오리는 어린 매화니까 '젊을 약若자'를 써서 약매라고 하자."

아이들에게 아호를 설명하다가 즉석에서 현철에게 호를 지어주었고, 현철은 그것이 너무 마음에 들어서 지금까지 품에 안고 살아왔다. 그러나 평생 못 피우면 어떡하지? 걱정하며 살았는데 이제야 그 꽃을 피울 기회가 온 것이다. 꽃을 꼭 피우고서 죽겠다고 하였다. 못 피우고 죽더라도 피우는 노력은 끝까지 하겠다고 다짐했다.

한민족은 본래 미약한 족속이 아니었다. 영토로는 고구려 시대까지만 해도 압록강과 두만강 넘어 만주 전역을 호령했고, 문화와 학문으로는 조선조 세종 통치 시대에는 세계인이 감탄하는 독창적이고 과학적인 한글을 창제하고 독창적인 과학기구와 신무기들을 발명하여 사용한 창조적 문화민족이었다.

이토록 호탕하고 대범하던 우리 민족의 기백이 꺾인 계기는 선조 25년(1592년) 임진년에 조선의 허약한 군대가 현해탄을 건너 국토를 침략해 온 왜군과의 전투에서 패하고 왜군에 의해 속수무책으로 전 국토가 유린당한 사건이다.

그 이후로 우리 민족은 외세에 휘둘리는 일이 잦아졌고, 그때마다 내부적으로 반성하고 단결하여 힘을 모으기보다 남을 탓하며 분쟁함으로서 예전의 선비정신과 호탕하던 대륙기질은 사라졌다. 반면에 오늘날과 같이 소아小我에 집착하여 민족 내부에서 파당을 짓고 파괴적으로 싸우고 비방하는 근성이 국민성으로 고착화 되었다.

이러한 폐단의 근원적 생성 원인은 임진왜란이 일어나기 전 조선조 최고의 지성이었던 율곡이 선견지명으로 제안한 '십만정병 양성안'을 무능한 임금과 국사를 당파 투쟁의 소품쯤으로 여기던 정략가들이 의기 투합하여 배척한 데 기인한 것이다.

이 사건이 바로 우리 민족을 미약한 족속으로 전락시킨 발단이요 '원죄原罪'였다. 이 죄악이 두 번의 왜란과 국권 피탈, 남북 분단, 민족상잔의 6·25 한국전쟁을 불러왔고, 분단 고착화의 결과로 나타나 남북의 인민을 모두 고통에 빠뜨렸다.

대한민국을 위대한 나라로 재건하기 위해서는 대한 사람이 모두 예수를 믿어 성결한 백성으로 거듭나야 한다. 이를 위해서는 먼저 한국 교회가 중흥하여야 하고, 교회 중흥은 430여년 전 불발탄으로 버려졌던 선각자 율곡의 애국 충정을 오늘에 복원해내어 실행하는 데서 속죄의 계기를 삼아야 한다,

여기까지 생각이 미치자 송 영감은 성경 속 '기드온' 장군의 300

용사를 기억해내고 율곡의 10만 양병설과 결부시켜, 더 늦기 전에 사탄과 그 하수인들의 공작 앞에서 속수무책으로 무너지는 한국 교회가 아니라 기드온 군대처럼 경건의 능력으로 승리하는 '십만의 기드온교회 개척'을 목적으로 '기드온선교재단'을 설립하였다.

때마침 송현철이 필생의 연구로 구상해두었던 '안개이슬회수기' 사업화 방안이 구체화되고 소요 재원 조달 문제가 해결되자 사업이 지속가능하게 되었다.

그로부터 10년이 흘렀다. 기드온선교재단이 불을 붙인 '민족 성결화 운동'은 교파를 초월하여 전국 교회의 호응을 불러 일으켰다. 선결 과제가 '교회의 성결화'임을 자각한 교회들은 본연의 존재 목적으로 돌아가 먼저 말씀, 기도, 회개로 자신을 정화한 후 구제와 복음 전도에 모든 역량을 쏟아 부었다. 그 선봉대는 전국 각지에서 창립의 횃불을 들어 올린 기드온교회들이 맡았다.

'꿩 잡는 게 매'라고 했다. 민족 성결화를 고취하는 일의 핵심은 복음 전도였다. 이를 수행하는 데 교회의 규모는 문제가 되지 않았다. 자신을 희생하여 이웃을 섬기고 돌보는 전도 전략에 민첩하게 대응하기로는 오히려 '기드온'급 강소교회가 더 효과적이었다. 오히려 작은 교회라서 전도 대상자에게는 제약을 받지 않았다.

그리하여 한국 교회는 안으로 자신의 성결에 성공하였고, 밖으로는 세상에 소금과 빛의 효능을 발산함으로서 사회의 칭찬과 신뢰를 회복했다. 백성들의 교회에 대한 인식을 부정적에서 긍정적으로 되돌려 놓았다. 이로써 감소하던 기독교인 비율이 추락을 멈추고 수년 전부터는 다시 상승곡선을 그리기 시작하였다.

예전에 '우스' 땅에 살던 '욥'의 행사를 늘 관찰하시며, 그의 의로움을 칭찬하시던 하나님은 나날이 성결하게 변모해 가는 한민족의 모습을 그냥 보고만 계시지 않았던 것이다.

21세기 중엽에 들어와서 남북한은 드디어 하나님의 엄중하신 경륜에 의해 고려민주공화국(고려민국, Korea Republic)으로 통일되었다. 지난 90여 년간 공산집단이 지배한 북조선 왕조 김씨 3대의 독재정치가 마침내 막을 내리고 영적 암흑기를 살았던 북한지역 동포에게도 자유와 복음의 햇살이 비치기 시작했다.

그리고 이태 후 4월 어느 날, 통일의 감격을 누리던 송 영감은 매화꽃이 만개한 때 교회 건물 외벽에 벽돌 쌓는 작업을 수행하던 중 사명이 끝나서 그의 영혼은 본향으로 돌아갔다. 남겨진 육신은 종이컵 하나를 채울 분량의 유골로 정제되어 그가 섬기던 교회의 옥외 예배당 뒷벽 안에 안치되었다.

그가 섬기던 교회는 아래층에 좌석 300석 규모의 실내 예배당이 있고, 위층에는 지붕이 개방되어 하늘을 올려다보며 예배드리는 옥외 예배당으로 설계되었다. 아래층의 내부공사는 완료되었으나 노아방주처럼 생긴 외벽과 기타 공정은 아직 미완성이었다. 전체 공정은 향후 100년 또는 예수님 재림하시는 그날까지 자자손손 이어질 성도들의 자원봉사에 의해 완공하도록 계획되어져 있었다.

기드온선교재단의 제2대 이사장인 박종필 장로는 아침 일찍 집을 나서며 소년처럼 마음이 설렜다.

오늘은 기드온선교재단이 개척교회 지원사업을 시작한 지 20년 만에 250번째 개척교회인 '샛별교회'의 창립 예배가 있는 날이다.

자신이 이사장을 맡은 이후로 50번째 설립된 개척교회였다. 교회 창립 행사의 단골 참석자는 고려예수교 땅끝노회의 노회장과 선교

지원부장 그리고 기드온선교재단의 이사장과 사업부장 네 명이다.

평소 같으면 그 외에 축하객 여럿이 동행했겠지만, 오늘은 거리가 먼 데다 봄날 치고는 쌀쌀한 날씨여서 축가를 부를 성악가 한 명만 대동하기로 했다. 일행은 일단 서울역에서 만나 동해북부선의 종점인 나진역까지는 고속열차를 타고 이동하기로 했다.

오늘 창립하는 샛별교회는 우리 국토의 최북단으로 중국과 접경을 이루며 흐르는 두만강변의 새별군 새별읍에 위치했다. 새별군은 조선 초기 세종대왕의 명에 의해 김종서 장군이 여진족을 제압하기 위해 개척한 6진 중 한 곳인 경원성 일대였다. 북한의 김일성 통치 시대에 개명한 도시로, 정치범수용소인 동북노동교화소가 운영하던 아오지탄광이 인근에 있다.

요즘 기드온선교재단이 지원하는 개척교회 목사님들의 개척 동기는 대체로 세 가지 유형으로 대별되었다.

첫 번째는 교회를 개척하여 10년 이내에 목표한 불신자 전도 300명을 달성하자 곧바로 사임하고 재차 개척에 나서는 분이었고, 두 번째 유형은 큰 교회를 오랫동안 담임하고 교인들의 신뢰를 담뿍 받아 왔으나 불신자 전도의 목마름을 해결하기 위해 스스로 사임하고 광야로 나오신 분이었으며, 마지막 유형이 전문직에 종사하여 일가를 이루었다는 평판을 받던 분이 뒤늦게 소명을 받아 신학 과정을 이수한 후 목사 안수를 받자마자 불문곡직 사람을 낚는 어부로 나서기 위해 배를 띄우는 유형이었다.

샛별교회를 창립하는 남상철 목사는 그 첫 번째 유형에 속하는 분이었다. 기드온선교재단의 지원에 의한 교회 개척이 이번이 두 번째로, 처음에는 통일되던 이듬해에 본인의 고향인 함북 길주에서 교회를 개척했었다.

　교회 개척의 기회는 일생 한 번 갖기도 어려웠지만, 남 목사는 짧은 기간에 두 번째를 개척한 것이다. 이는 길주 기드온교회 창립을 준비하면서 처음 만났던 초대 재단 이사장 송현철 장로와의 약속 때문이었다.

　남 목사는 고려반도가 통일되기 훨씬 전 그가 열두 살의 소년이던 때, 아버지와 함께 온가족이 정치범수용소를 탈출하여 온갖 풍상을 겪은 후 남한에 입성한 탈북자 출신이다. 그는 남한에서 또래들에 비해 늦은 학업을 시작했음에도 일찍 철이 들어 분명한 목표가 있었다. 때문에 대학 졸업에 만족하지 않고 신학대학원까지 수료하고 목사 자격을 취득하였다.

　그는 목사 안수를 받기 전부터 동족인 북한동포 선교의 꿈을 키웠다. 주말에는 자신이 수학한 탈북 청소년대안학교의 신앙교육 전도사로 봉사를 했다. 그리고 대학원 졸업과 동시에 서울에 본사를 둔 고려신문사에 입사해 중국 동북지방 주재원 근무를 자청했다.

　그는 만주와 서울을 왕래하며 많은 양의 기사를 송고했다. 그 와중에도 신문사의 배려로 만주지역을 유랑하는 후배 탈북동포의 안전한 은신과 남한 입국을 돕는 상담 목사도 겸직했다.

　그렇게 수년 동안 1인 3역을 소화하며 바쁘게 뛰어다녔다. 그가 힘든 줄 모르고 봉사할 수 있었던 것은 정치범수용소의 소년 죄수였던 자신을 구원해주신 하나님의 사랑에 보답하는 길이라고생각했다. 그래서 어렵고 위험한 그 어떤 일에도 오히려 감사와 보람이 용솟음쳤다.

　만약 그의 가족이 탈북의 기회를 잡지 못했더라면 어떻게 되었을까를 생각하자 앞이 아득했다. 아마도 평생 중노동과 학대에 시달

리다 어느 노역장의 쓰레기더미 속에서 각자 한 줌 흙으로 사라졌을 운명이었다. 그렇기에 그는 하나님의 은혜를 생각하면 아무리 감사를 표현해도 부족했다. 한편으로는 자신의 봉사가 언젠가는 통일로 열매 맺을 것이라는 기대가 있었기에 가능한 일이었다.

그러던 어느 날, 정말로 꿈꾸듯이 통일이 찾아왔다. 남 목사는 더 이상 만주와 서울을 숨 가쁘게 오고갈 필요가 없어졌고, 통일의 기쁨을 절실하게 체험하고자 한달음에 고향 땅 길주를 찾아갔다.

30여 년 만에 처음 찾은 고향 마을은 그동안 세월이 정지되어 있은 듯 별반 변한 게 없어서 정다웠다. 하지만 남한이라면 있을 수 없는 민둥산과 낙후된 시가지의 모습을 바라보노라니 마음 한구석에 비애감이 저며 왔다. 친구와 친척들 몇 명을 찾아내어 반갑게 손을 맞잡았다. 하지만 거친 세월에 풍화된 피차의 모습에서 즐거운 감흥은 일어나지 않고 오히려 서먹하고 애잔한 느낌이 들었다.

북한 지역은 통일 연계사업 추진으로 민관의 구별 없이 모두가 분주하게 움직였고 시간이 빠르게 흘러갔다. 그러나 남 목사는 하나님에 대해 배우지 못하고 살아온 고향의 친구들과 불신자 친척들의 영혼에 대한 연민으로 밤잠을 설쳤다. 어떻게 하면 저들의 영혼을 구원할 수 있을까 하는 궁리로 잠을 이룰 수 없었다.

광업소 마을 어귀에 교회를 세우고 싶었다. 그러나 방안을 찾지 못해 애태우고 있던 때였다. 신학대학 선배를 통해 기드온선교재단 소식을 듣게 되었고, 땅끝노회에 제출한 개척교회 지원 신청서가 승인되어 길주기드온교회를 창립할 수 있었던 것이다.

교회 개척 지원의 조건과 절차는 복잡하지 않았다. 맨 먼저 목회자에게 요구되는 소명의식과 구령 열정에 대한 확인이 있었으며, 그 다음으로 목회자의 객관적 자격 요건을 확인했다. 세 번째로는 교회의 입지조건에 대한 확인이었다. 주변 반경 4㎞ 안에 번듯한 기성교회가 없고, 전도 대상인 불신자 가정 200가구 이상이 거주하고 있는 조건이었다. 그리고 마지막 네 번째는 건축이 허용되는 일정 규모의 토지 매입이 가능해야 한다는 조건이었다.

지원 대상자 승인조건 첫 번째 항의 적부심사는 기드온선교재단이 담당했고, 나머지 항은 땅끝노회 선교지원부에서 담당했다. 그리고 지원자 신청 요강에 따라 적격심사 시 목회자의 출신 교단 제한이나 땅끝노회 의무 가입은 요구하지 않았다.

교회 개척 지원이 승인되면 땅끝노회유지재단은 토지를 매입한 후 목회자에게 그 사용권을 부여했다. 토지 매입과 건축 지원의 시행은 노회와 선교재단으로 이원화되어 있고, 일단 토지 매입이 완료되면 토목공사와 예배당 건축공사는 기드온선교재단이 담당하며, 공사가 완료되면 재단은 그 재산권을 노회에 헌납함으로써 교회는 즉시로 모든 자산을 목회 목적에 사용할 수 있게 되는 것이다.

교회가 부흥하여 재정 자립이 확립되고 증축이 필요한 시점이 되면, 교회는 땅끝노회의 승인을 받아 자력으로 증축할 수 있다. 이때 교회가 소속된 교단의 노회는 땅끝노회에 대해 토지 등의 소유권 양도를 요구할 수 있다.

남상철 목사는 고향 땅에 길주기드온교회를 개척하기 위해 처음 기드온선교재단을 방문했을 때 나누었던 송현철 이사장과의 대화를 일생 잊지 못한다.

이사장실은 넓지 않은 방이었다. 가구는 창문가에 놓인 소박한 책상과 책장 각 한 개와 중앙에 6~7명이 둘러앉을 수 있는 4각 목제탁자 한 벌이 전부였다.

당시 80세 쯤 되어 보이는 고령이었으나 허리를 꼿꼿이 세운 송

장로는 회의용 탁자를 마주 대하고 앉아 있었다. 그는 직접 우려낸 녹차를 찻잔에 천천히 따라주며 손자 또래인 남 목사와 다정하게 눈을 맞추며 처음으로 입을 열었다.

"남 목사님은 어떤 사유로 목사님이 되셨나요? 또 길주와는 어떤 인연이 있는지요. 목사님의 인생 여정이 참으로 흥미롭습니다. 실례가 되지 않는다면 그 이야기를 듣고 싶습니다."

"저는 열 살 때까지 길주에 살았습니다. 금세기에 들어와 풍계리에서 실시한 핵실험 때문에 길주가 불길한 주가 되었다는 조롱을 듣게 되었지만, 길주는 원래 함북 최대의 교통과 산업의 요충지입니다. 예전에는 그 이름처럼 매우 살기 좋은 도시였지요. 아버지는 길주석탄광업소 간부로 일했는데, 할머니가 돌아가시던 날 문상객들이 모두 돌아간 한밤이었습니다. 아버지는 식구들을 둘러앉게 하고는 할머니 유품인 낡은 성경책을 펼쳤습니다. 그리고 이내 할머니에게서 들은 하나님 이야기를 들려주었습니다. 저는 이날 두 살 아래 동생인 상희와 함께 하나님과 성경에 대한 이야기를 난생 처음으로 들었습니다. 아버지는 우리들에게 눈을 감으라고 말한 뒤 기도를 하셨습니다. 그런데 감정이 북받쳐서 목소리가 조금 커진 것이 화근이었습니다. 밖에까지 들린 기도소리 때문에 광업소 부하 직원의 밀고로 아버지와 어머니는 보위부에 끌려가 모진 고초를 겪었습니다. 광업소 소장의 변호로 겨우 목숨은 건졌습니다. 하지만 우리 가족은 함북 북단의 동북노동교화소에 끌려가 아오지탄광에 채탄부로 배치되었습니다."

길주에서는 제법 부유한 가정의 자녀로 태어난 상철과 상희는 남부러울 것 없는 꿈 많은 학생이었다. 그런데 하루아침에 반동분자의 자식으로 전락해 어린 죄수에게 할당된 석탄 나르는 노역에 내

몰려 매몰찬 학대와 노동을 견뎌야만 했다.

아오지탄광에 배치된 지 이태째 되던 해였다. 소위 고난의 행군이라는 전국적 식량 기근사태가 발생하자 1인당 하루에 한 줌씩 주던 곡물 배급이 들쭉날쭉하며 건너뛰는 날이 잦아졌다. 그러더니 급기야는 아사자가 속출하고 채탄작업은 중단되다시피 되었다.

죄수들은 철조망으로 둘러싸인 넓은 경내를 헤매며 수단 방법을 가리지 않고 스스로 먹을거리를 구해야만 했다. 경비원들 또한 한 끼 때우기도 팍팍해지자 죄수들에 대한 감시가 다소 느슨해졌다.

상철의 가족은 기왕 굶어죽을 바에야 죽기를 각오하고 탈북하기로 결심했다. 그들은 국경 경비가 조금 더 허술하다는 인근의 새별읍까지 이틀간 이동한 후 얼어붙은 두만강을 한밤중 야음을 틈타 건널 심산이었다.

이 작전은 평소 상철의 아버지와 은밀하게 마음을 터놓고 지내던 죄수 한 명이 세워주었다. 새별읍 출신인 그는 4년 전에 탈북한 경험이 있었다. 만주에서 중국 공안에 잡혀서 송환되어 노동교화소에 끌려온 사람으로, 이곳 일대의 지리를 훤하게 꿰고 있었다.

그는 탈북하다 붙잡혀왔을 때 심한 구타로 인해 허리를 제대로 못썼다. 결국 그는 며칠 전 허기로 쓰러진 후 다시 일어나지 못하고 그대로 숨을 거두었다.

그는 숨지기 전 상철의 아버지에게 자기처럼 붙들리지 말라며 간절한 눈빛으로 말했다. 만주에 무사히 넘어가게 되거든 남조선에서 온 목사를 꼭 만나야 산다고 몇 번이고 당부했다. 그러면서 얼른 떠나가라는 눈짓을 마지막으로 껌벅이고는 다시 눈을 뜨지 못했다.

상철이네는 그가 일러준 길을 따라서 천신만고 끝에 새별읍 두만 강가에 도착했다. 지난밤 한 번도 쉬지 못하고 꼬박 엄마 손에 끌리 다시피 걸어온 어린 상희는 결국 허기와 추위를 견디지 못하고 강 둑을 오르다 말고 굴러 떨어져 죽고야 말았다.

날은 희뿌옇게 밝아오는데 경비병의 총부리가 언제 불을 뿜을지 모르는 상황인지라 머뭇거릴 틈도 없이 움직였다. 죽은 동생을 강 변의 갈대밭에 버리고 돌아서서 흐느껴 울며 얼어붙은 두만강을 서 둘러 건넜던 것이다.

여기까지 사연을 이어가던 남 목사의 눈에 기어이 뜨거운 눈물이 흥건히 고이고 말았다. 아마도 어린동생을 제대로 묻지도 못하고 떠나야만 했던 그날의 심정, 그의 가족의 마음은 그날의 한파 만큼 이나 가족의 가슴을 후벼팠음인지 잠시 눈가의 눈물을 훔치더니 다 시 이야기를 이어갔다.

"그러나 저는 아오지탄광에서 하나님을 만났습니다. 탄광의 하 루 일과는 고된 노동과 멸시와 배고픔의 연속이었죠. '쉬지 말고 기 도하라'는 아버지의 격려를 한순간도 실천하지 않고는 견딜 수 없 었습니다. 지금 생각해보면 저에겐 제일 큰 은혜입니다. 고통을 가 하는 그들을 향해 '주님, 저 사람들을 용서해 주십시오'라는 기도가 마침내 저의 입술에서 터져 나왔으니까요."

남 목사는 기쁨과 슬픔이 뒤범벅이 된 눈물을 닦았다.

"이 시대 우리 민족의 고난을 남 목사님의 가족분들이 대표하여 겪으셨군요. 이제 우리 민족에게 노역의 때는 끝이 났습니다. 혹독 한 단련의 과정을 견디고 극복하여 정금 같이 정제되신 목사님의 승리에 박수를 보냅니다. 하나님께서 반드시 큰 사명을 맡겨주실 것으로 믿습니다."

"장로님, 저는 우리 동포들이 그토록 호된 고통의 세월을 보내고 도, 그 고통의 의미나 당연히 누려야 할 복을 깨닫지 못하고 살아간다면 너무 억울하다고 생각합니다. 제 형제들을 꼭 구원해 낼 수 있게 도와주십시요."

"당연히 그렇게 해야지요. 그러나 복음은 우리 동족의 구원에 그치지 않습니다. 하나님의 경륜은 더 높은 곳에 있습니다. 목사님, 복음의 서진운동에 대해 알고계십니까?"

남 목사는 급작스럽게 전환된 화제에 잠깐 당황했다. 그러나 이내 그 말뜻을 이해하고 자신의 평소 생각을 밝혔다.

"이방인 전도의 사명을 부여받은 바울사도께서 처음에는 소아시아를 시발지로 하여 시리아와 동편 나라들에 대해 전도 계획을 세웠었는데, 성령님이 만류하시므로 서쪽인 그리스, 로마 방향으로 전도 코스를 변경하였고, 이로 인해 복음이 아시아를 제쳐둔 채 유럽전역으로 퍼져나갔고, 유럽의 끝인 영국에서 미국으로 건너간 복음이 서진을 계속하여 태평양을 건너 일본과 중국과 우리 고려민국까지 이르게 된 것입니다."

"훌륭한 식견입니다. 그러면 이번에 고려반도에서 휴전선이 무너지고 공산당이 쫓겨난 것은 어떻게 해석함이 옳을까요?"

"고려반도의 허리인 38선에 와서 중단된 복음의 서진운동을 재개하라는 사명을 우리에게 주심이 아닐까요?"

"그렇습니다. 우리 단군민족에게 노역의 때가 끝난 것을 의미합니다. 하나님께서는 우리 민족이 조상 전래대로 걸치고 있는 우상숭배와 불신의 허물을 벗기만 하면 거룩하게 쓰시려고 하셨습니다. 그래서 일제 치하 35년, 공산독재 90여 년의 짧지 않은 세월을 채찍으로 치시면서도 반도의 절반인 대한민국은 남겨두셔서 번영을 주시며 회개하고 돌아오기를 기다리셨습니다. 근자에 남한에서 '민족성결화 운동' 이 일어나 요원의 불길처럼 전국으로 확산됨을 어여삐 보시고, 단군민족의 염원인 남북통일을 허락하셔서 복음의 서진운동을 가로막고 있던 38선을 걷어내신 것으로 저는 믿습니다."

"그러면 북한지역을 복음화하고, 다음은 중국과 몽골과 중앙아시아 쪽으로 우리 민족이 해외 선교를 활발히 전개해야 되겠군요."

"맞습니다. 그러나 복음전도의 순서는 예루살렘과 온 유대와 사마리아와 땅끝임을 명심해야 합니다. 국내 전도를 도외시한 채 추진하는 해외 선교는 자신의 후손에게 불행을 안겨주는 결과를 가져옵니다. 지난 30~40년간 남한 교회는 해외 선교에 열심을 냈습니다만, 그 사이에 국내 교회는 오히려 황폐화되고 특히 청소년층의 교회 이탈이 걷잡을 수 없이 빨라서 고려교회의 장래를 어둡게 하고 있습니다. 한때 해외 선교의 주역이었던 터키와 유럽 교회들의 몰락이 웅변으로 증명해주고 있습니다. 그래서 기드온선교재단은 해외 선교는 기존 교회들에게 맡기고 우리는 국내 전도에 주력하려고 합니다. 남 목사님처럼 열정 있는 목회자들이 나서서 고려민국의 남과 북에서 마귀에게 붙잡힌 불신 영혼들을 구원해야 합니다."

"장로님, 남한의 대형 교회들은 점점 강성하여 교인 수가 나날이 늘어나고 앞다투어 교회 건물을 웅장하게 새로 건축하고 있는데, 어째서 고려민국의 교회가 쇠락한다고 염려하고 있을까요?"

"최근에 성장한 대형 교회들은 불신자를 전도해서 부흥한 것이 아닙니다. 작은 교회를 떠나 편안히 신앙생활을 하겠다는 분들이 모여드는 대합소가 된 경우도 많습니다. 헌신에는 뜻이 없고 천국 티켓은 놓치지 않겠다는 영리한 크리스천들을 주님이 좋아하실지는 모르는 일입니다. 다만 쥐를 잡지 못하는 고양이들이 주택가에 몰려다니는 것을 유의하여 보아야 합니다. 우리 기드온 군대는 추수할 일꾼을 필요로 합니다. 남 목사님은 교회를 세우시면 남의 교인 붙들어 올 생각하지 마시고 불신자 300명을 전도하십시오. 그임무를 완수하고도 구령의 열정이 계속 타오르신다면 다른 지역에또 개척하시는 것을 우리는 환영합니다. 기드온선교재단은 그런 목회자님들을 위해 존재하는 기관입니다."

"알겠습니다. 1년에 불신자 50명씩 6년 안에 300명을 전도하고다시 찾아오겠습니다. 이번엔 제가 자라난 고향에 교회를 개척하지만, 다음엔 가족들과 함께 탈북할 때 건넜던 두만강 아래, 내 동생을 갈대밭에 버려두었던 그곳에 교회를 개척하겠습니다."

순간 남 목사의 얼굴에 연민과 분노와 함께 각오가 이글거리며타고 있었다.

"그런데 장로님, 어째서 개척교회 지원 목표가 십만 개입니까?"

"통일 고려민국의 총인구는 8천만입니다. 그 중에 50%를 예수믿게 하려면 4천만 명이지요. 기존 성도가 1천만이니까 3천만 명을 새로 전도해야 합니다. 각각 300명씩 전도할 기드온의 개척교회 100,000곳을 지원해야 합니다. 또한 현재 목회지를 맡지 못한목사님들의 수효가 수만 명이라고 하지 않습니까? 그분들 모두에게 목회지 한 곳씩 맡아달라고 부탁하고 싶습니다."

"실례지만, 그만한 재원 조달이 정말 가능하십니까?"

"마르지 아니하는 샘물이신 하나님께서, 선교에 필요한 만나와생수를 매년 충분히 내려주시니 저희는 걱정하지 않습니다."

기드온선교재단과 땅끝노회유지재단의 선교지원금 재원은 '안개이슬회수기' 제조처인 오성물산주식회사 주식 배당금에서 나왔다.

송현철은 젊을 때부터 꿈꾸는 자였다. 하나님께서 사람을 이 세상에 태어나게 하실 때는 달란트도 함께 주시는 법이니 사람은 일생을 살아가는 동안 무언가 인류에 유익한 성과물을 한 가지 이상 남기고 떠나야 함이 창조주에 대한 의무라는 것이 그의 지론이다. 그래서 그는 일생 자신의 전공과 관계없는 일을 연구랍시고 벌여서 가족에게 늘 가난과 근심을 안겨주었었다.

대기업에 근무하던 36세 무렵에는 종말 신앙에 심취되어 86아시안게임과 88서울올림픽은 우리 정부와 기업이 괜히 유치하느라 애만 썼지 아무래도 헛수고를 한 것이라고 생각했었다. 왜냐하면 그 전에 예수님이 재림하실 것으로 믿고 있었기 때문이다.

그래서 멀쩡하게 10년가량 다니던 회사를 86아시안게임이 개최하기 전전해에 사직하고 나와서는 잠깐씩 건설현장에 막노동을 팔기도 하고, 흑연 광맥을 찾는 광산업자를 만나 전국을 여행하면서도 '재림하시는 예수님을 어디서 어떻게 맞이하는 게 최선일까'를 고민하여, 마치 '요나'가 '니느웨'성에서 내키지 않는 노방 전도를 한 후 박넝쿨 그늘에 앉아 하늘에서 무슨 조치가 있기를 기대하던 심정으로 자신의 '휴거'를 준비한 적도 있었다.

86아시안게임이 아무 탈 없이 개최되는 것을 목도한 송현철은 자신의 신앙에 오류가 있음을 깨닫고는 정신을 차려서 생업을 위해 중소기업에 취직하였다. 그러나 그의 중소기업 근무는 오래가지 못했다. 그가 회계 담당으로 섬기는 교회가 늘 재정적으로 어려운 점을 안타까워하던 중 순전히 교회에 헌금을 마음껏 바쳐보고 싶다는 일념으로 자영업을 창업했기 때문이다.

그로인해 가정 경제는 더 어려워져서 "풍파에 놀란 사공 배 팔아 말을 사니/ 구절양장이 물 도곤 어려왜라/ 이후란 배도 말도 말고 밭 갈기만 하리라"고 노래한 옛 선비의 권고를 따라 살아보리라 결심하였다.

송현철이 '물' 연구를 시작한 것은 60세 되던 해였다. 양평의 깊은 산 속에 조그만 전원주택을 짓고 텃밭농사를 지으면서부터였고, 10년 연구 끝에 결실을 맺어서 안개이슬회수기를 개발하였다.

물은 사실 지구의 가장 값진 보물이다. 물은 천지창조 시 모든 유체 물질의 창조에 앞서 둘째 날에 창조되어, 그 이후에 창조된 모든 물체의 구성에 관여하고 있다. 노아홍수 때 온 지면을 수장시켰던 그 엄청난 물은 아직 한 방울도 허실되지 않고 지하와 지표면, 대기권의 공간을 위치, 온도, 기압 조건에 따라 상태를 달리할 뿐 그대로 존재하고 있다.

오늘날 가뭄, 홍수의 재해나 남극 빙하의 융해, 해수면 수위 상승, 생활용수 부족 등 물에 관한 모든 문제는 사실 물의 원활한 이동과 물 그릇 용량의 제약에 따른 애로이지 근원적인 물의 과부족으로 일어나는 현상은 아니었다.

그리고 물은 운동을 시키면 어디든지 갈 수 있다. 물은 액체 상태에서 합쳐 놓으면 높은 곳에서 낮은 곳으로 흐르지만, 작은 물방울을 만들어 공기에 실으면 낮은 곳에서 높은 곳으로도 얼마든지 이동을 할 수 있고, 허공에 실려 온 안개비를 필요한 지점에서 이슬로 뭉쳐 회수하자는 것이 안개이슬회수기의 원리이다.

물이 부족한 곳에서는 매번 엄청난 양을 필요로 하는 것이 아니다. 1분당 한 방울, 한 숟가락, 한 병이면 대부분의 수요를 충족할 수 있고, 안개가 시야를 방해하면 이 장치를 가동하여 안개를 걷어낼 수도 있다.

적용원리는 이렇다. 상습 안개 발생지역이면 고정형 안개이슬회수기를 설치하여 안개 현상을 해소하고 부산물로 회수되는 깨끗한 물은 필요한 용처로 이송하여 사용하게 하면 된다.

한해 상습지역이 있다면 가장 가까운 호수나 바다의 수면에 증발기를 띄워놓고 수증기를 발생시켜 공기에 싣고 일시적 구역 분할 온도차등기와 기압차등기로 기류를 형성시킨다. 이때 생성된 수증기 다발을 한해 지역으로 날려 보내어 대기시켜 놓은 이동형 안개 이슬회수기에 접속시켜 물방울 다발로 변환시킨 다음 중력을 이용하여 낙하시켜서 사용하게 한다.

또한 수목이 울창하고 지세가 험준한 지역에 산불이 났다면 즉시로 불을 끄는데, 이 수증기 다발을 동원하기는 어렵다 해도 산불이 인근 산림으로 확산되는 것을 차단하는데 이 장치를 활용할 수는 있다. 수원지에서 대량으로 이송시킨 수증기의 밀도를 최고조로 가압하여 차단이 요구되는 지역에 일시적 구름기둥을 형성하여 방화벽으로 사용하는것이다.

안개이슬회수기 제조기술은 사업화 의사를 표명한 오성물산에 전용실시권을 양도하여 사업화하였다. 송현철은 선교사업에 소요되는 최소한의 고정 수입을 보장받는 선에서 합작 계약서를 체결함으로서 이를 통해 기드온선교재단의 선교 재원을 확보하였다.

수입 재원의 절반은 땅끝노회유지재단에 증여하여 개척교회 토지 매입 재원에 충당하도록 했고, 나머지는 기드온선교재단에 출연하여 개척교회의 예배당 초기 건립자금으로 기부하거나 목회지원금으로 헌금하도록 조치하였다.

이로써 땅끝노회와 기드온선교재단이 협업하면 한 해에 십여 곳의 개척교회 지원이 가능한 여건이 만들어졌다.

현철은 이 자금은 하나님이 선물로 내려주신 것이기 때문에 거룩한 고려민국 건설과 단군민족을 성결한 하나님의 백성으로 정화시키는 용도 이외에는 쓰지 않기로 결심하였다.

고속열차는 서울역에서 3시간 반을 달려 오전 9시에 나진역에 도착했다. 역앞 광장으로 나가자, 샛별교회 남상철 목사와 사모님이 '샛별교회' 로고가 선명하게 박혀 있는 25인승 승합차와 함께 일행을 기다리고 있었다.

이 차는 기드온선교재단이 석달 전에 기증해 이미 교회에서 사용하고 있었다. 나진역에서 샛별교회까지는 승합차로 1시간반이 걸렸다. 거리는 멀지 않았으나 산악지대를 통과하느라 큰 고개를 두 개나 넘어서 교회에 도착하였다.

교회는 야트막한 언덕 위에 있었고, 땅바닥은 아직 정지가 완료되지 않아서 울퉁불퉁했으나 예배당은 단층 적벽돌 건물로 아담하게 지어져 있었다. 다른 기드온선교교회와 마찬가지로 나중에 증축이 수월하도록 기둥은 벽체에 비해 굵고 단단하게 세워져 있었다.

마침 어제 내린 봄비가 씻어주었는지 예배당의 벽면은 햇빛을 반사하여 반짝반짝 빛나고 있었다.

교회 마당의 남측으로는 새별읍 시가지와 야트막한 집들이 올망졸망 평화로운 모습으로 어깨동무하듯 서로 기대어 서 있었고, 북쪽으로 눈을 돌리니 의외로 넓지 않은 두만강과 그 너머 만주벌판이 팔을 뻗치면 손에 닿을 듯 눈앞에 가깝게 펼쳐져 있었다.

교회 내부는 300석 규모의 장의자가 갖추어져 있었고, 내장공사가 금방 끝난 듯 산뜻하게 정리된 실내에 상큼한 나무 냄새가 풍겨나와서 예배를 시작하기도 전에 은혜가 풍성한 분위기가 감돌았다.

실제 교회 개원은 제법 오래된 듯 예배시간이 가까워오자, 본 교회 성도와 길주에서 온 축하객들 80~90여 명이 띄엄띄엄 흩어져 앉으니 좌석이 절반은 차 보였다.

담임인 남 목사는 노회장과 재단이사장 일행을 앞자리로 안내하

며, 좌정한 성도의 절반은 건축을 시작하면서부터 전도하여 결실을 맺은 본 교회 성도라고 귀띔을 하였다.

창립 축하행사는 남상철 목사가 집례하는 감사예배로 시작되었다. 예배의 설교는 땅끝노회장 임기혁 목사가 맡았고 '예수님의 지상명령' 제하로 설교하였다. 이어서 땅끝노회 선교지원부장의 샛별교회 개척 지원 경과보고와 기드온선교재단 사업부장의 재단 연혁 및 사업 현황 설명이 있었다.

다음에는 축가 순서였다. 축가는 최근 기드온선교재단이 성도들의 애국심과 성결한 생활 고취를 위해 제작하여 보급중인 "천로여정 응원가"를 성악가 송찬미 권사가 1~2절을 선창하고 3~4절은 모든 성도들이 악보를 보며 제창하였다.

이어서 기드온선교재단 이사장 박종필 장로가 축사를 하였는데, 박 장로는 최근의 '유엔 세계 기독교 교세 통계' 자료를 인용하면서 우리나라에서의 기독교 교세 부침 상황과 사회 발전의 연관성을 다음과 같이 소개하였다.

고려민국이 나라를 일제에 빼앗겼던 시절 국내외에서 독립운동을 활발히 전개한 애국투사들의 중심 인물은 대부분이 기독교인들이었으며, 3·1독립만세운동 당시는 기독교인 비율이 국민의 1.7% 남짓이었는데도 전국적으로 기독교인들이 나서서 만세운동을 주도했었다. 유관순 누나도 독실한 성도였다.

해방 후에는 광복의 기쁨을 누림은 잠시요 바로 남북한이 분단됨으로 인해 북한 지역 인민에게 비극이 시작되었다. 공산사회주의 전제정권은 하나님께서 부여하신 인민의 기본인권과 사유재산을 인정하지 않았다. 따라서 그들이 제일 먼저 한 것은 기존 교회를 전부 파괴하는 것이었고, 인민들에게서 신앙의 자유를 박탈하고 성경

소지를 금지하는 기독교 말살정책을 시행하였다.

그리하여 하나님께서 복을 거두어 가심으로 인해 나라의 경제와 문화, 도덕, 양심이 함께 무너져 내리고 토양도 지력을 잃어 지구상에서 최악의 빈국으로 떨어지고 인민은 질고의 세월을 보내야 했었다.

반면에 대한민국 건국 세력들은 기독교 신앙의 바탕 위에 자유 민주주의 시장경제체제를 채택함으로 인해 1962~90년까지 산업이 비약적으로 발전했다. 이 시기 기독교 교세도 동반 부흥하여 한때 기독교인 비율이 25%에 육박하였다. 그러나 20세기 말을 기점으로 국민의 정서가 자유 방종과 지나친 분파주의로 흐르고, 공교육제도에 토요 학습 금지를 도입하는 것을 시발로 금융권과 산업체 전반에 토요 휴무가 강제화 되면서 주말에는 놀자는 분위기가 형성되었다.

이를 기화로 득의한 안티 기독교 세력의 전방위적 기독교 약화 공작에 교계 지도자들과 신학 이론가들은 손을 놓고 적절한 대응 전략을 개발하지 못했다. 젊은이들의 교회 이탈을 필두로 기독교의 교세가 급격히 하강하기 시작하여 21세기 초엽인 2018년 말에 와서는 그 비율이 15%대로 하락하고, 이에 대한 동조현상으로 입법, 사법, 행정부와 노동계, 교육계에 공히 사회주의사상이 유입되면서 사회 전반에 도덕, 윤리, 양심의 불감증이 나타나기 시작했다.

이러한 때에 변두리 교회의 무명 성도들 사이에서 자각의 미풍이 일어나기 시작하여 "대한 사람 절반이 예수님 믿는 나라를 만들자"는 꿈꾸기 운동을 제안했다.

이어서 "한국 교회 중흥"과 "민족 성결화"를 주창하기 시작하더니, 점차 전국의 교회 안에 은인자중하고 있던 경건한 성도들 사이에 동참하는 기운이 확산되었다.

다시 부흥의 소망을 꿈꿀 수 있게 된 시점에 마침 기드온선교재단이 설립되어 국민의 절반을 전도할 실천방안으로 '기드온'급 교회 개척을 지원하고 나섰고, 하나님의 은혜로 오늘 250번째 교회인 샛별교회를 여기에 세우도록 지원하게 된 것이다.

그리고 기독교 부흥의 봇물이 결정적으로 터진 것은 한반도에서 38선 이북을 지배하던 공산주의 체제가 무너지고 남북한이 통일되어 북한 주민들에게 신앙의 자유가 주어진 사건이다.

이것은 전적으로 우리 민족을 복음서진운동의 주도세력으로 선택하여 예수복음을 땅끝 원점까지 전파케 함으로서 온 인류 구원을 완성하시기 위한 하나님의 놀라운 경륜에 의한 것이다. 이제 우리 민족은 여호와의 복된 자의 자손이요 사명을 맡은 족속이 되었다.

금년이 고려민국 통일 7년차 되는 해이다. 유엔의 종교국 통계에 의하면 작년 말 현재 고려민국의 기독교인 비율은 전체 인구 대비 22.6%이며, 옛 북한지역은 주민의 15%, 옛 남한지역은 주민의 26%가 기독교인임을 보여주고 있다.

전 세계 거의 모든 국가에서 기독교인 비율이 점차 줄어들고 있는 시대에 유독 고려민국에서만 그 비율이 지속적으로 증가하는 것은 불가사의한 현상이라고 해설하고 있다. 하지만 "우리는 그 사유를 알기 때문에 다만 하나님께 영광을 돌리며 감사하지 않을 수 없다"라는 말로 끝을 맺었다. 끝.

2019. 4

에필로그

　과거 지구촌 한 구역을 따뜻하게 데우며 하나님께로부터 생명을 받아서 살았던 사람들의 행적을 역사라 하며, 장래에 일어날 일을 예지한 말씀은 예언이고 그 기록물은 예언서이다. 그리고 장래의 일을 예지하실 수 있는 분은 오직 창조주이시다.

　예수님은 하루 전에 다음 날 새벽 본인이 체포되실 것과 신문 법정에 들릴 만한 거리에서 수탉이 울 것과 그 닭이 울기 직전에 베드로의 세 번째 예수를 모른다는 부인이 있을 것임을 단 1초의 오차도 없이 미리 아셨다. (마26:31-35, 69-75)

　하나님은 아브라함이 아직 아들을 낳기도 전에 그의 후손이 그 숫자를 다 셀 수 없는 밤하늘의 뭇별처럼 많이 불어날 것과 외국에서 객이 되어 고통스러운 생활을 하다가 500여 년 후에는 큰 민족을 이루어 가나안 땅으로 복귀하여 약속하신 땅의 주인이 될 것을 미리 아셨다. (창15장)

　2019년은 우리에게 거룩한 한민족이 되기 위한 예언서가 필요한 시점이다. 이 글은 장래 한반도에서 실현될 민주적 평화통일을 가상하여 남북의 정체 통합에 못지않게 중요한 과제인 우리 민족의 복음신앙통일과 세계선교사명의 이행을 기대하면서 그 계기가 되어질 법한 한 과정을 미래의 시각으로 예시한 예언적 소설이다.

천로여정 응원가

작사 신약매
작곡 송민경

278

지은이: 신영철

1947 영주 출생
영광고등학교 졸업
명지대 경영학과 졸업
구리 성덕교회 원로장로
호는 약매

두 달란트의 행복
ⓒ신영철, 2023

1판 1쇄 인쇄 | 2023년 11월 20일
1판 1쇄 발행 | 2023년 11월 30일
지 은 이 | 신영철
펴 낸 이 | 이영희
펴 낸 곳 | 이미지북
출판등록 | 제2-2795호(1999. 4. 10)
주   소 | 서울시 강동구 양재대로122가길 6, 202호
대표전화 | 02-483-7025, 팩시밀리 : 02-483-3213
e - mail | ibook99@naver.com

ISBN 978-89-89224-61-7   03230

* 저자와의 협의에 의해 인지는 생략합니다.
* 잘못된 책은 바꾸어 드립니다.
* 저작권법 보호를 받는 저작물이므로 무단 전재와 복제를 금합니다.